Soukaïna Oufkir

La vie devant moi

calmann-lévy

À Sylvie, à Marion, à Mireille.

ISBN 978-2-7021-3907-3

Aime sans t'inquiéter
si c'est le bien ou le mal.

ANDRÉ GIDE

PRÉAMBULE

J'écris ces pages parce que je suis à mi-parcours avant même d'avoir commencé à vivre.

J'écris ce livre parce que j'ai bien vécu. Déjà bien trop.

J'écris ce livre pour mourir seule. Fière. Debout. Digne, je l'espère. Tranquille. Heureuse.

À chacun ses ambitions, ses travers, les délices de son enseignement.

Ce livre, je ne l'écris pas pour qu'on m'envie. Pas pour qu'on me plaigne. Pas pour qu'on se reconnaisse dans mon parcours.

Je n'écris pas ce livre pour qu'on m'admire. En tous les cas, pas pour qu'on admire ma résistance à avoir supporté l'épreuve, les épreuves, tout simplement parce qu'on supporte tout, tout, dès lors qu'on ne nous en laisse pas le choix.

J'accepte d'écrire ce livre parce que je suis en vie. Et que je l'ai choisi.

À la cent cinquantième bière, je touche un fond de vérité : je n'écris ce livre ni pour moi ni même pour vous, mais pour Elle. Elle.

Elle, c'est celle qui a toujours su vivre tranquillement. Seule. Fière. Debout. Digne. Heureuse. Celle qui ne rend pas de comptes et n'en demande pas. Plume blanche allongée sur l'horizon, souffle, vague, vent et courant d'air, rayon rasant, grain de sable sur toutes les dunes, sourire, éclat de rire, pipi dans la piscine, baiser furtif. Elle, c'est l'horizon.

J'écris ce livre pour Elle et pour Elle seule.

Elle est le plus beau en moi.

J'écris pour nos vies fabuleuses et la larme qui s'en écoule. Celle qu'on essuie, et qui recoule, la petite putain. Celle qui revient encore alors qu'on l'avait pourtant mise en garde, celle qui étrangle et qu'on efface de nos deux poings.

J'écris ce livre avec tout ce qu'il peut me rester de travers, de questions en travers, j'écris ce livre pour Elle. Elle, mon p'tit trésor, l'enfant que j'ai été.

J'écris sa vie parce qu'Elle est la seule à me laisser toute la vie devant moi.

I

NEUF ANS

Je l'aime bien, cette petite fille. Elle dégage quelque chose de commun et pourtant d'inédit. Mélange improbable de fillette, de *bad boy* – pas de ceux qu'on admire, plutôt de ceux sur qui on taperait avec plaisir –, de félin fragile et d'ancêtre immature. De clown parfois aussi et d'équilibriste le plus souvent.

J'aime bien sa grande taille, sa minceur, ses grosses joues – sorte de garde-manger pour les temps durs – entourant un nez fin, qui, s'il n'avait pas été piégé par un menton fuyant, apparaîtrait de bonne taille.

Elle a cinq ans. Mon premier souvenir d'elle date du temps où on se retrouvait dans le grand jardin de ses parents à jouer aux billes ou à allumer un feu de camp avec les cigares de son père.

À l'époque, elle pensait être un garçon. Personne ne l'avait crue. Et, quand elle se décourageait de la cécité et de la surdité des adultes, elle rembourrait sa culotte de papier toilette. Elle se faisait sortir par les cheveux de la pissotière des cours moyens. Elle s'était fait couper les cheveux, avait obtenu une ceinture orange de judo et une médaille d'or de natation dans une compétition de lycée où de sveltes adolescents ne s'étaient pas privés de la chambrer.

À force, elle gagna le surnom de garçon manqué. Elle était trop jeune pour percevoir l'erreur. L'impasse. Elle était trop jeune et trop heureuse de son nouveau surnom, même si elle n'eut plus jamais accès aux toilettes des garçons.

Aujourd'hui, nous ne sommes plus de la même famille, plus du même rang. Quand la vie nous a réunies, cette enfance, cette enfant, s'est pendue à mes jambes pour me faire marcher avec légèreté sur le béton.

Et, quand je fatigue, je me souviens seulement que je l'aime bien, cette fillette.

Bien sûr, il lui arrive de me mettre dans des colères folles, de susciter aussitôt ma compassion, de m'ennuyer mortellement par son côté première de la classe, chouchou de toutes les institutrices, ce côté lisse, trop conciliant, cette quête précoce de l'amour à tout prix, à n'importe quel prix, sa façon de réciter par cœur ses leçons sans qu'on le lui demande, son mutisme déférent devant les grandes personnes, l'application qu'elle met à sucer son pouce contre la peau douce d'une femme qu'elle aura choisie dans l'assemblée, comme les chats savent se lover sur les ovaires d'un ventre qui souffre pour rien.

Une chose est certaine, je lui pardonne toujours, ou presque. Sans doute parce que j'ai grandi plus vite. Ou seulement parce qu'elle me fait rire de moi-même.

J'aime quand elle se moque de ses mollets de cigogne, de sa cervelle de couscoussier, de son étoile en berne, de son intégrité débile et démodée.

J'aime la voir en vie. J'aime ses maladresses, ses faux pas, sa révolte, ses méchancetés, sa rancune, sa mauvaise foi de victime.

Si j'ai grandi avant elle ou plus vite, que sais-je, je ne peux nier ses efforts à tenter de suivre.

À son rythme.

Quand elle tomba amoureuse du fils du directeur, elle cessa d'être un garçon.

Elle accepta de faire de la danse classique. Elle pleurait toujours lorsque sa nurse l'obligeait à porter des robes à faux col et des chaussures vernies, mais son amour valait bien un déguisement. Il avait douze ans, elle trois de moins. Je la vois encore se hisser sur la pointe des pieds pour l'apercevoir dans les rangs des grands. Quand il vint à l'anniversaire de ses neuf ans en juillet, elle devint une fille, une vraie, rien que pour lui.

Elle ne savait pas encore que ce serait son dernier anniversaire à elle. J'apprendrai par hasard vingt ans plus tard que Marc s'est tué dans un accident de voiture. Ils ne s'étaient jamais revus.

Lui est décédé tragiquement à vingt ans ; enfin, à quelques années de plus ou de moins, cela reste mourir à vingt ans. Une adolescence turbulente, paraît-il...

Elle a, comment dire, disparu cinq mois et un jour après son neuvième anniversaire. Le 23 décembre 1972. La veille de Noël. Elle avait été une fois de plus cette année-là parmi les premiers de sa classe de CE2 et put commander au père Noël – auquel elle ne croyait plus – tout ce qu'elle voulait, comme tous les ans d'ailleurs : un vélo, un bateau gonflable, un cahier de dessin, et des crayons de couleur, et un mange-disques.

II

LES VACANCES SONT FINIES

Je faisais semblant de faire la sieste, dans notre maison de vacances au bord de la Méditerranée, quand ma mère frappa à la porte. Maman frappe toujours avant d'entrer. Je devais faire vite. Très vite. Vite me vêtir en habits de ville, vite faire mes bagages, vite dire au revoir aux copains et copines de plage, vite me préparer à prendre la route pour la capitale où des événements graves venaient de se produire.

« Des événements graves, maman, comme ceux de l'année dernière ? »

Les vacances sont finies.

L'été d'avant, à un mois près, des méchants avaient voulu faire du mal au roi. Le tuer, même. Le tuer, le jour de son anniversaire, au roi, vous vous rendez compte ! Il y avait même eu des morts, une centaine, la coupe de champagne à la main. Papa, qui aime le roi, l'avait défendu et le roi n'était pas mort. Et le roi est vivant. Mais les méchants pouvaient revenir. Il y avait eu des gardes partout dans notre grande maison, beaucoup de gardes, plus qu'à l'accoutumée. Des gardes armés, encore plus armés, avec des armes et des ombres plus grandes et plus visibles. Des armes et des gardes à ne plus savoir qu'en faire, une centaine de gardes pour nous protéger, moi et toute ma famille. Des allées et venues, des talkies-walkies grésillant jusqu'au lever du jour, des esprits surexcités par la fatigue et la peur. Il y avait, autour de la piscine en forme de haricot, des rumeurs, de l'imagination, de l'adrénaline, des murmures et de l'espoir. La victoire serait comme toujours au bout du fusil sur l'épaule de mon père.

Puis la tristesse en plein midi de voir une de mes copines écraser avec trop de plaisir toute une lignée de fourmis au pied d'un cyprès. Un cyprès de mon jardin :

« Pourquoi tuer ces fourmis qui ne t'ont rien fait ?

– Pour les empêcher de manger le corps mort de mon père.

– Il est pas au ciel, ton papa ? Ton papa, il est au ciel. Ton papa, il est au ciel depuis un an. »

Trop tard pour les fourmis.

Les vacances sont finies, mon tour est arrivé.

Il y eut cafouillage, ordres, contre-ordres, un bateau d'amis espagnols à prendre pour fuir le pays tant qu'il en était encore temps, un coup de fil rassurant de mon père pour nous persuader de n'en rien faire. Mon papa, c'est le plus fort, il a toujours raison. Mais ces adultes soudain gentils, présents, trop prévenants ne laissaient rien présager de bon. Il y eut le trajet, ma mère en larmes derrière de grosses lunettes noires, un accident de la route tragique juste devant notre voiture, la gomme des freins qui crissent encore noire dans ma mémoire âcre, chacun de nous épargné, des ambulances tardives, le convoi reparti, ma mère pleurant toujours silencieuse, des mains tendues aux paumes emplies de comprimés et de tremblements, une bouteille d'eau minérale et l'arrivée à la maison.

La foule était dense.

J'avais l'habitude de ce trop de monde chez nous. Presque tous les jours, des personnes en uniforme ou en tenue traditionnelle étaient reçues pour des fêtes, un baptême, un mariage, une circoncision, le thé ou des séances de travail. Ce jour-là, les uniformes scintillaient, les traditionnelles djellabas étaient tout aussi blanches, mais elles cachaient des visages blêmes, assombris comme l'impose la courtoisie.

La grande maison est en deuil. Le plus fort des papas est mort. Les gardes du corps s'étaient précipités pour ouvrir les portières des limousines. J'entendais des cris, des cris de larmes, et ma nurse s'empara de moi pour me revêtir d'une tenue de circonstance. On m'empêchait par là de me recueillir sur la dépouille de mon père. On m'épargnait. Trop jeune. Beaucoup trop jeune.

En traversant la cour, attirée par l'hystérie, j'eus le temps d'entrevoir des tréteaux avec, posée dessus, une boîte luisante, le tout sur une esplanade ensoleillée supportant des pleureuses aguerries.

Cette image est gravée. Cette image est restée intacte, soulignée un peu plus tard par le commentaire des adultes, de ceux qui ont pu prodiguer ce jour-là à mon géniteur ses derniers baisers. Leur version a été unanime et indiscutable : mon père avait un sourire figé, mais il souriait tout de même. La première balle a traversé son dos et l'a fait sourire. Il a souri à celui qui lui faisait face, le roi, son ami, le roi, sa plaie. Il a souri à celui qui n'a pas eu l'élégance de lui en mettre une, les deux mains sur la crosse sans trembler, une bien bonne entre les deux yeux. Une seule, comme on se la mettait jadis sans bavure et sans plainte entre amis déçus, entre ennemis de bonne famille.

Qu'importe, mon père est mort.

« Ton père a survécu à plusieurs guerres et fumait beaucoup. Ton père devait mourir jeune et il est mort avec le sourire, le visage crispé et très froid, très, très froid. C'en était le seul indice de décès. Une température glaciale. Trente-six heures après sa mort, ton père, ton père, en plein mois d'août, ne dégageait aucune odeur de cadavre. Tu te rends compte ? »

Mortelle, la réalité.

Ils expliquaient ce phénomène par le fait qu'il est – enfin qu'il était – mon père, descendant du Prophète, messie probable, indiscutablement martyr puisque assassiné. Et tout le monde sait que Dieu n'aime pas qu'on assassine.

Personne ne m'a préparée aux traces d'impact de balles sur ce visage parent, souriant, son œil crevé par-derrière, un cercle de ses lunettes cassé, son corps au sol, crispé, déchu et tellement refroidi qu'il n'a même pas pris le temps de pourrir en plein mois d'août, trente-six heures après son suicide de cinq balles dans le dos.

Des livres et des journaux occidentaux se chargeront d'insister sur les détails. Je le découvrirai plus tard. Bien plus tard.

Pour l'heure, je prends le temps de grandir. Tout mon temps.

À mon rythme.

Ma nurse me fit enfiler à même le corps une djellaba blanche, couleur de deuil locale. Babouches blanches aussi. Vêtements de garçon. Youpi ! Youpi ! Youpi ! « Désolée, madame, dans la précipitation, nous n'avons pas trouvé de tenue de deuil pour fille à sa taille. » Youpi !

Me voilà auprès de ma mère dans l'immense salon à recevoir les manifestations de sympathie et les condoléances d'usage.

J'étais hilare. Fière, mais tellement fière d'être prise pour un garçon ! J'étais fière, au milieu de cet immense salon surpeuplé, d'être une représentante légitime de la famille au même titre que mes frères, et d'être digne, à la demande de ma mère, c'est-à-dire sans larmes, comme ma mère en public, et déjà loin de ce que m'avait réservé le sort d'une paire de dés que je n'avais pas jetés : cinquième enfant sur six, cinquième roue du carrosse, d'un carrosse bientôt en bout de course.

III

23 DÉCEMBRE 1972

Les appels de phares des voitures de police garées sur le bas-côté de la route à distance régulière confirmaient notre passage sans heurts puis elles rebroussaient chemin.

Leur mission était accomplie.

Celles qui nous menaient à bon port répondaient par le même signal de phares : tout se passe bien, pas de problème, les invités se tiennent tranquilles. RAS.

C'est vrai, tout se passait bien. Les gardes, les convois, la sécurité, la protection rapprochée, les honneurs dus aux personnes importantes ne surprennent plus les personnes importantes. C'est le roi qui avait ordonné notre mise à l'abri. Le roi se chargeait de nous protéger, comme il savait protéger tous les membres de sa famille. Nous étions désormais considérés comme des membres de la royale famille et, de ce fait, on nous conduisait dans un endroit sûr, sous sa protection paternelle et divine.

Ils étaient venus nous annoncer en début de soirée l'honneur que représentait l'intérêt du roi, le 23 décembre 1972, quatre mois et dix jours après le décès de mon père. Cette période de deuil pour une veuve musulmane assure qu'elle n'est pas enceinte de son défunt mari. La médecine, les échographies, les nausées, l'absence de règles, rien ne prouve quoi que ce soit, et les versets sont immuables. Pour le veuf, l'usage permet la courtoisie d'accompagner vos condoléances par une formule toute convenable : « Que Dieu renouvelle votre couche. » Vous pourriez même ajouter : au plus vite.

Après la période de deuil, les héritiers sont censés être au complet. Ma mère n'étant pas enceinte, on pouvait compter les petites cuillères.

Ils ont compté jusqu'à la dernière petite cuillère en argent.

Puis, ils sont venus nous chercher.

Des camionnettes blanches barrées de bandes rouges et vertes quadrillaient le grand jardin. Des gardes surgissaient pour former une ronde infranchissable autour de la grande maison. Les armes étaient immenses. Ils avaient dû changer de calibre. Leur regard aussi avait changé. Il était dur, à la hauteur de leur responsabilité. Les pupilles insondables filaient le frisson. C'étaient les mêmes gardes, mais différents.

Ils étaient venus nous chercher pour nous mettre à l'abri.

On avait le droit d'emporter des vêtements, des effets personnels, tout ce que l'on voulait d'ailleurs, et autant qu'on le voulait. La durée ? Indéterminée. Le lieu ? Secret. Le but ? Nous garder en vie. Les ennemis ? Le pays tout entier. Dieu ? Le roi. Les élus ? Une mère, ses six enfants (quatre filles et deux garçons), une cousine de ma mère et Halima, qui remplaçait sa sœur partie en congés et nurse du petit dernier, trois ans et demi.

Neuf élus pour le grand voyage.

Durant toute la période de deuil, quatre mois et dix jours exactement, les portes ne s'étaient plus rouvertes. Un oncle était décédé brutalement à vingt-trois ans dans un accident de voiture après s'être interrogé sur le sort qui nous était réservé et avoir menacé d'en informer la presse étrangère. Pas de permission pour assister à l'enterrement. Pas de rentrée des classes non plus. Hé, Marc, mon beau Marc, à la prochaine !

D'accord, j'étais fraîchement élue membre de la famille royale, je ne croyais plus au père Noël, mais les cadeaux au pied du sapin, j'en faisais quoi ?

Ils nous séparèrent par groupe de deux, trois, quatre – je ne sais plus – par voiture.

Pas de limousine cette fois-ci, ça je m'en souviens bien.

Au bout de quatre, cinq heures à fendre la nuit parmi les appels de phares, je ressentis l'envie de faire pipi. Je n'étais pas la seule à en avoir le besoin pressant. Les radios des voitures s'étaient mises à hausser le ton avec des airs de panique et d'affolement. De grande surprise. Tout avait pourtant été millimétré, soigneusement orchestré, méticuleusement prémédité, sauf la pause pipi.

Je gardai les cuisses serrées durant le temps fou qu'ils allaient mettre à accorder leurs violons.

Pistes, secousses, arrêts brutaux, le convoi s'immobilisa enfin en pleine cambrousse. Déploiement de force, spots blancs, toutes les brindilles brillaient en même temps entre les cailloux. On nous fit descendre. Le sol cafouillait. Ça hurlait : « Par deux ! Deux par deux ! » Deux par deux, entourés par deux fins canons perforés. C'étaient des mitraillettes. J'adorais les mitraillettes. Ça hurlait : « Deux par deux ! » Ma mère contesta le manque d'intimité. Ça hurlait à l'exécution sommaire. Ma mère ne contesta plus le manque d'intimité. On s'accroupit avant de baisser la culotte. On baissa la culotte, les filles du moins, à l'ombre des fusils-mitrailleurs. Mon frère aîné pissa debout, tout seul avec quatre bouts de mitraillette sur la bite. Brutus ne sera plus jamais loin. À quatorze ans à peine, il était déjà une menace menacée. Normale, la distinction, le mâle hérite deux fois la part d'une femelle, ça aussi c'est écrit dans les versets immuables. Ça hurlait sans cesse pour exciter la vigilance : « Le premier qui en perd un est mort ! » Les canons des fusils frôlaient la culotte. Pipi ne venait pas. Pipi, on eut beau lui hurler dessus, ne coula pas, ou peu. Les brindilles frémirent enfin sous les spots quand pipi daigna trembler sa goutte. Les gardes tremblaient comme des brindilles. « Le premier qui en laisse filer un est un con de mort ! »

Le ton était donné.

Contre toute vraisemblance, nous étions peut-être bien – les pauvres gardes et nous élus – dans la même galère.

La brutalité de cette pause pipi, le choc de passer des frasques du pouvoir aux crocs du pouvoir, le silence qui envahit les voitures jusqu'au prochain arrêt, réveillent. On venait d'échapper à une exécution sommaire. Les genoux mous après des heures de route allaient rester mous longtemps encore. L'esprit était vide et stupéfait, bouillonnant et vide. Bouillonnant d'une matière vide. Il implosait d'une seule et unique phrase : Ce n'est pas possible. Quiconque se la répète en boucle, cette phrase, réussit à s'en convaincre. Ce n'est pas possible. Cherchez l'erreur, car il y a sûrement une erreur quelque part. À ne pas croire l'évidence, à ne pas la voir, à ne pas l'admettre, nous allions les laisser faire quinze ans durant, les bras ballants.

Avec le recul : l'erreur n'était pas de croire que ce n'était pas possible, mais de ne pas savoir alors que tout était possible.

Peut-être avions-nous seulement, et encore, notre raison.

La peur pour sa vie propre et celle des autres était la preuve qu'on était toujours en vie. Ce fut notre première faiblesse, fatale, celle-là même sur laquelle ils allaient bâtir leur persécution et nous, parce que encore vivants et neufs, et neuf, nous avons gardé trop longtemps l'espoir de ne pas mourir. L'espoir d'être libres un jour. Innocents, toujours. C'est pas possible ! ? Tout est possible. Tout, tout est absolument possible : on est restés les bras ballants, comme des cons, quinze ans durant.

Vers minuit, le convoi s'arrêta dans une résidence à Tiznit.

Tiznit est une ville du Sud. *Quel Sud ?* Je sais pas. Sud, sud. *Tout de même, t'as été à l'école.* Ben, imagine le sud du sud d'un Sud et tu trouveras.

Le gouverneur de la province nous accueillit sur le perron de sa demeure de fonction. Il était déférent, compatissant. Collègue de mon défunt père, admirateur encore. Le repas fut somptueux. Serveurs en gants blancs et pastilla à volonté. Les genoux mous reprirent du tonus. La pause pipi n'était qu'un incident. Pour sûr, des exécuteurs d'ordres un peu trop zélés comme cela arrive souvent.

Le repas prit fin. Les attentions aussi.

Il fallait repartir.

IV

ASSA

Arrivée à bon port. Assa. À l'aube. Caserne de goumis, corps d'armes des plus petits GI au monde. Vieille caserne en terre cuite dans une oasis au sud de tous les Sud. Lever du drapeau. Lever d'un nouveau jour. Présentation des armes. Hymne national. Les goumis étaient rigolos. Ils portaient tous la barbe, sans moustache, quand la moitié du pays portait la moustache sans barbe. Un mètre cinquante sous le béret, sortes de nains de jardin d'un autre âge, de reliques souriantes, quelques dents en argent, une en or, des absentes en façade, les autres noires fond de théière. Ils étaient rigolos par leur sérieux. Je ne sais pas s'ils avaient aidé à libérer la France, ni de quelle guerre il s'agissait, mais ils auraient bien mérité un beau cliché en noir et blanc. Leur chef était un vieux bonhomme en civil, au rictus fatigué. Avec lui, on rigolait moins. Trente ans de direction de prison militaire, un pain et une boîte de sardines pour chacun et par jour, et la gueule fermée pour tous. Aucune contestation ne sera possible : les coriaces, il les avait tous matés. Pour preuve, ils n'étaient plus là pour en témoigner. Son nouveau poste, c'est le roi qui l'y avait mis. Ses ordres, c'est du roi qu'il les tenait. Sa patience, inexistante. Sans oublier son diabète, son arythmie cardiaque, l'absence de sa femme, ses privations sexuelles, ses quatre-vingts hivers qui ne ramenaient plus aucun printemps et la somme de leur irritabilité. Alors toute faveur, genre courrier aux parents, livres, radios, tourne-disques, magazines, restait possible à condition de... fermer sa p'tite gueule.

Les présentations sont faites, vous pouvez vous installer.

Le contenu des valises Vuitton ne trouvait pas de placards à sa mesure. La couverture de vison s'étalait brune sur le lit de ma mère. J'savais pas, mais ça caille à l'ombre dans le désert en hiver. Répartition des dortoirs, des rôles et bientôt des corvées. Boîte de sardines ou sardines en boîte, au petit déj ? On allait attendre un peu, la pastilla calait encore.

En revanche, on eut le droit d'ouvrir nos cadeaux. Joyeux Noël. Joyeux Noël à tous. Des baisers et des mercis de partout. C'était la première fois que j'avais ma famille au complet, mon père en moins. Mais mon père, je le voyais si peu... Mes frères et mes sœurs enfin sous le même toit, ça se fête. Fini les écoles privées, le palais pour l'une, les internats pour d'autres, ils étaient tous là. On joue ? Jouons. À cache-cache ? Cachons-nous. Il y a une cour.

« Excepté les plus jeunes, interdiction d'accéder à la cour.

– Les plus jeunes ? »

L'aînée avait dix-neuf ans.

« Les trois derniers.

– S'il vous plaît, monsieur.

– Allez, je suis sympa, les trois derniers et... et le frère de quatorze ans aussi.

– Merci, monsieur. »

Dans la nuit, un toit s'est écroulé sur la chambrée des goumis. Plusieurs morts. Sept.

En moins de vingt-quatre heures, nous étions devenus rien de moins, rien de plus, qu'un mauvais présage.

Les petits corps enveloppés dans un drap blanc furent dès l'aube nouvelle alignés dans la cour. Les nains survivants leur rendirent un dernier hommage. Le drapeau fut hissé ce matin-là, puis tous les autres matins, et chaque soir redescendu. Il était plié, rangé, avec toujours le même sérieux. Dernier claquement de pataugas et au dodo. Vers dix-huit heures, quand les goumis se mettaient en rang pour rejoindre leur baraquement, cela annonçait la fin du jeu. Nous étions contraints d'assister au rituel. Nous étions contraints de dire bonjour et bonsoir au directeur de la prison en terre cuite, tous les jours. Nous y étions contraints par ma mère. Son père était militaire. Son mari était militaire. Le directeur de la prison était un homme comme les autres. Alors, le respect des couleurs et de l'humain restait sacré.

Je dis bonsoir au vieux monsieur en lui tendant la main. À vingt mètres de là, ma mère me rappela. J'eus droit à un sermon : saluer sans regarder les gens dans les yeux est incorrect. Je me justifiai, me défendis : « Mais j'ai dit bonjour. » Très tôt l'injustice me révolta. Ma mère le savait. « C'est vrai, tu as dit bonjour, c'est vrai, tu as serré la main du monsieur, tout bien, mais tout approximatif, tout tellement loin de ce qui fait d'un être un être présent et fort. » Elle m'expliqua que, à force de ne pas regarder les gens, les gens ne me regarderaient plus. Elle me dit combien le respect se gagnait. Une poignée de main ferme, un regard appuyé, un bonjour, un vrai, changent tout. Elle m'affirma que ce vieux monsieur était certes celui qui allait nous surveiller, nous enfermer et nous affamer – et personne ne savait encore pour combien de temps –, mais qu'il devait me respecter, quel que soit mon âge. Et, pour que ce monsieur qui m'affamait, m'enfermait et me surveillait me respecte, je devais tout bonnement le respecter.

Cela s'appelle forcer le respect.

J'avais déjà neuf ans et demi.

Le directeur de la prison me vit revenir pour lui serrer la main bien fort, les yeux dans les yeux. Le vieillard qui en avait vu bien d'autres se prit d'une larme à l'œil. Il redressa son arthrose pour me saluer. Et la tendresse, bordel ! Il allait nous massacrer avec respect. Majestueuse, la maman fière resterait fière tout le temps. Et la dignité, bordel !

Mais ça n'allait pas toujours être évident.

Le désert imposa très vite sa rigueur, ses surprises, ses extrêmes, et voilà bien la mauvaise humeur au cœur de la bataille. Pour tous. Il faisait trop chaud après qu'il avait fait trop froid. Des fois, au cours de la même journée. Le thermomètre bloquait à cinquante en passant par zéro. Pour tous.

Les valises Vuitton ne servaient à rien. Le vison non plus. Les mousquetons, pas plus. Les draps bavaient l'eau croupie. La nature elle-même perdait la tête. Les jardins étaient palmeraies. Les bestioles à pattes ne couraient pas mais volaient de partout, mille fois plus grandes que les fourmis de mon jardin. La première fois, un scorpion, au sol, au mur ou au plafond, ça fait mourir de peur. Après, on domine sa peur. On apprend à compter le nombre de bourses, à reconnaître le sexe, à éviter le risque avant le coup de dard. On compte tout, parce qu'on a le temps. On compte les vents de sable, la maladie, l'attente, les jours, les mois, l'attente. On compte l'habitude, les fins de mois, l'arrivée des colis le 30, les nouveaux livres, les cours prodigués avec application par ma mère et ma sœur aînée. On compte l'habitude, l'habitude qui s'installe, entremêlée d'avenir, maillée d'espoir. Le filet se tisse. On y met la main et tous nos efforts. Si ce n'était pas pour aujourd'hui, c'est simplement parce que c'était pour demain. Et si dieu le roi lui-même nous protégeait, que demander de plus ! Il saurait nous protéger contre tous et chacun. Demain, on viendrait nous chercher pour nous sortir de cet abri et nous rendre à nous-mêmes. Le pays tout entier nous en voulait mais il ne pouvait pas nous en vouloir indéfiniment. On comptait les jours, les jours sans les nuits, pourtant dix fois plus longues. Nous n'étions pas encore dans la notion d'emprisonnement. Le soleil se levait, on le voyait. Quand il s'était couché, c'est qu'on l'avait bordé nous-mêmes entre les cruches d'eau parfumées au goudron et les crapauds ventrus.

On comptait tout le temps le temps. Bientôt on allait aussi compter le nombre de soupirs sur les lèvres gercées des gardiens, l'incompréhension, la résignation, et l'anesthésie inoculée à petite dose par ce foutu espoir : Qu'est-ce qu'un scorpion face au destin de chacun ? Que peut un gardien face à un enfant ? Qu'est-ce que le crime face à l'innocence ?

Je n'en savais encore rien. Je jouais les jeux de mon âge, avec des crapauds, des scorpions, des araignées et des mulots alanguis sous la force du vent. Les plus grands veillaient à nous inventer des jeux.

Ils faisaient de trois riens un Disney World. Et ça marchait.

Il m'arrivait même de dormir dans le lit de ma mère.

Une fois par jour – le plus souvent en début d'après-midi après la boîte de sardines et le pain rond, accompagnés de trois gentils goumis –, nous, désormais appelés « les plus jeunes », avions droit à une promenade dans le village voisin. Les femmes et hommes bleus étaient accueillants et tendres. Ils nous offraient tous les jours des dattes et des galettes de maïs. Ils savaient. Ils savaient mon père originaire du Sud. Ils savaient cet exil punitif. Ils savaient mais ne pouvaient rien, sinon être tendres. Donc ils pouvaient tout.

Quelques mois encore et on nous annonça la réunion du moussem annuel de toutes les tribus du Sud. Cette année-là, les prémices du conflit du Sahara occidental augmentaient les risques d'insurrection. Ils devaient nous mettre à l'abri ailleurs pour un mois. C'est dire combien ils tenaient à nous.

Le voyage en panier à salade fut rude. Interminable. Irrespirable. Sombre. L'arrivée dans cette villa avec jardin était bizarre. Le jardin entouré d'un grillage à poules haut de cinq mètres était bizarre. Les lits d'hôpital en fer-blanc coquille d'œuf écaillé étaient bizarres aussi. Contre mauvaise fortune, bon cœur. On jouait. On jouait tous ensemble, ma mère comprise. On jouait aux autos tamponneuses avec les lits à roulettes. Rires éclatants dans les couloirs tortueux d'une vie chaque jour un peu plus déroutante. Les arbres du jardin donnaient des amandes fraîches. Les gardes derrière le grillage du poulailler portaient des uniformes clairs.

Ça devait être le printemps.

V

RETOUR À ASSA

Après quelques semaines, j'approchai le subjonctif et la division à deux chiffres. Quelle galère. Additionner les soleils, être contraint de les diviser, puis de les multiplier pour en retrouver la somme peut provoquer un début de strabisme. Peut-être bien que je vois double. Ou que le monde se dédouble. Un dedans plus un dehors, divisés par deux et remultipliés par deux, ça donne un dedans et un dehors. Si j'ajoute un zéro et la virgule, ça fait moi dedans et eux dehors.

Retour à Assa, un mois plus tard. L'humeur n'était pas au beau fixe. Nous n'étions toujours pas libres. Le roi devait être très occupé avec cette histoire de Sahara occidental. Il fallait se rappeler à son bon souvenir. Des lettres emplies de majuscules étaient remises au vieux bonhomme, lequel, en relation directe avec les voies du seigneur, jurait de les transmettre à qui de droit. Dans un premier temps, le style était respectueux et digne. Sire, d'accord pour nous protéger, mais il ne faut pas abuser non plus. Il fait vraiment chaud ici. Question confort et culture, c'est limite, il n'y a pas de clim, pas de piscine. *Jours de France* avec Jacques Chazot chaque semaine, bon, mais nous n'avons toujours pas le droit de visite de nos parents. Et puis, neuf mois pour calmer les esprits, nous pensons que c'est raisonnable et sommes convaincus que ce sera suffisant. Silence. À chaque fête nationale ou religieuse – il devait y en avoir deux par mois et j'exagère à peine –, une lettre et le silence. Le silence encore et toujours, et en réponse une lettre avec encore plus de majuscules et de moins en moins d'effets d'humeur.

Au bout d'un an de silence, les lettres étaient rédigées à plat ventre et le silence se faisait plus hautain. Le bonhomme au rictus fatigué se disait sérieusement entamé. Au milieu de la cour, son diabète suintait dans un mouchoir à carreaux. Il se plaignait tout le temps. Sa femme n'était même pas là pour nettoyer sa chambrée ou mijoter un bon petit plat. Ma mère lui préparait des sardines et lui administrait sa dose quotidienne d'insuline. En même temps qu'il nous tenait pour responsables, car c'est bien à cause de nous qu'il se retrouvait aux confins du réel, il nous prenait en affection, comme les oies savent se contenter de la première famille à portée de bec.

Faire ce que l'on peut avec ce que l'on a. Faire avec ce qu'il nous reste c'est garder le pouvoir de faire encore. Garder surtout, sur tout, l'impression d'y pouvoir quelque chose. Un jour, après sa piqûre d'insuline quotidienne, il craqua : « Trente ans de travail et je n'ai jamais vu des enfants en prison. » Il roulait les *r*. Ses babines écroulées sur les revers d'un col de chemise qu'on devinait rejetaient des étincelles de salive amère. Il allait partir. Enfin, il allait demander à partir. C'était trop dur. Il ne pouvait pas finir sa carrière de la sorte. Il se faisait trop vieux, désorienté, battu. Il était officier et tenait à le rester.

« Des enfants en prison, vous avez déjà vu ça, vous ?

– Non, monsieur. »

Sa démission fut acceptée. Son remplaçant était un capitaine beau et vigoureux. Jeune capitaine au sourire attachant sous une moustache noir de geai, luisante. Il se contentait de nous surveiller sans faire de zèle. Son cœur et ses couilles avaient dû pousser au bon endroit. Il fut muté après trois mois.

Le remplaçant du remplaçant, grande chose aux bras trop longs pendus le long d'un corps informe, se fit prudent. Il prenait les lettres du bout des doigts. Sans doute les remettait-il aussi à reculons. Quand il ramenait le silence, il le faisait avec autant de précaution.

L'inquiétude s'installait. De part et d'autre, le silence grouillait de questions délirantes. Si les protégés du roi dieu sont réduits au silence, qu'en serat-il des gardiens des protégés du roi père de tous, s'il leur venait l'idée de pécher au point de commettre le crime de compatir ?

Entre-temps, décembre était revenu.

Sans sapin et sans neige, Noël, sans doute vexé, s'en était allé aussitôt.

À nos pieds, les cadeaux en carton-pâte alignaient des Jeeps, des chars, des fusils, des serpents. Personne n'eut l'idée de commander une poupée, un Atlas, un souhait, pas même le moindre rêve.

VI

LE PALAIS EN PISÉ

À l'aube d'un jour nouveau, ils étaient venus nous chercher pour nous mettre à l'abri.

Cette fois-ci, un palais nous attendait. Un ancien palais du Glaoui en pisé et en ruines. Pléonasme. Un ancien palais du Glaoui ne peut être qu'en pisé et en ruines. Le grand El Glaoui fut évincé pour avoir misé sur les Français sous le protectorat. Il fut aussitôt déshérité et contraint de prêter allégeance au sultan devant les photographes. Ses biens furent pour la plupart laissés à l'abandon.

« Faut pas miser sur le mauvais chameau », disait Louis de Funès. *À qui le dis-tu...*

Pour atteindre le palais du Glaoui, dix-huit heures d'estafette aux vitres teintées ont été nécessaires. Tous ensemble dans le même panier à salade, accoudés, ballottés, accrochés sur, contre, sous les cruches en terre cuite enveloppées elles-mêmes de toiles en tulle transpirant le goudron parfumé, recouverts peu à peu de poussière et de sable, de sable et d'obscurité. Tout se confond. Les matières et l'humain ne font plus qu'un. Quelques soupirs soulèvent les particules, puis des yeux imperceptibles les regardent se reposer doucement pour reformer la matière. On ne voit pas l'escorte, mais elle se fait entendre à l'extérieur. Car, désormais, il y a nous et l'extérieur. Personne n'a trouvé le temps de se plaindre. Pas d'espace pour se plaindre. Plus suffisamment d'air pour exister au point de se plaindre. Le manque d'oxygène nous ratatine doucement, sans faire mal. On n'a même plus mal de ne plus exister. Aucune pause pipi ni prévue ni à prévoir. Même pas mal à la vessie. Plus besoin de serrer les cuisses. Pire, même pas envie. L'eau clapote dans les cruches sans donner l'envie de boire. *Quel rapport ?* Depuis quand faut-il être précis alors qu'il est accordé de se pisser dessus ? Ça tangue. Ça tourne. Ça retourne. Ça déforme. Tout nous détourne de notre innocence. Les quatre fers en l'air ramènent un rire nerveux. Ça donne un sacré mal de mer quand la terre se renverse. On traverse l'Atlas. *Lequel ?* Le Moyen ou le Grand, pourquoi, c'est important ? *Pour l'orientation, oui.* Quel Atlas... attends, après trente-cinq ans j'en ai encore mal au cœur. Ce devait être le Grand, mais je n'en suis pas sûre. *Et puis ?* Et puis il paraît qu'on a tous failli mourir à cause d'un chauffard. Ils ont dit qu'on l'a échappé belle. Notre tombeau commun a évité de justesse le précipice. *Vous, vous n'y étiez pas déjà, sans vouloir faire mon lourd ? Vous y étiez déjà dans le précipice, ou je me trompe ?* D'après eux, on a tous eu vraiment beaucoup de chance ce jour-là. *C'était peut-être le soir.* Peut-être, pourquoi, c'est si important ?

...

Rien n'est important. Tout est primordial.

Quatre fois qu'on échappait à la mort sans qu'on ait rien fait ni qu'on ait rien eu à faire pour y échapper. Par quatre fois en moins de deux ans la vie nous a laissé le temps d'accomplir un destin : l'accident au retour des vacances, la menace de l'exécution sommaire à la pause pipi, le toit, mitoyen de notre chambrée, qui s'écroule sur les goumis, et là un chauffard fou nous épargne. Quatre fois qu'on s'en sortait sans bouger le petit doigt.

Et ? Et puis le chauffeur de notre tombeau a mis de la musique très fort tandis que le garde à la place du mort reprenait les refrains. On a tenté la tierce. On a fait les chœurs d'une chanson contestataire qui raconte le voyage d'un parent parti vers nulle part. *Fine ghadi biya khouya, fine ghadi biya**. Bien sûr, c'était l'histoire d'un disparu, happé pour ses idées. On a entonné les rimes de notre disparition programmée. Tu as le droit de ne pas le croire, mais on a appris seulement vingt ans plus tard que cette chanson avait été écrite pour nous. On a chanté de

* « Où m'emmènes-tu mon frère, où m'emmènes-tu. »

bon cœur tout le long du trajet sans trouver d'idée pour contester ni pour justifier ne serait-ce qu'un seul centimètre des centaines de kilomètres des chemins de traverse que tu nous faisais avaler de force. On était en vie, bordel ! Et la vie, même dans la merde, ça se chante. Ça se fête. On a chanté juste. En tous cas, on a essayé d'être justes et dans le tempo.

Après ? Après, on est arrivés à bon port comme on sait désormais le faire. On est même arrivés à l'heure. *On, c'est qui* ? Ben, c'est nous. *Et vous ?* Ben, nous c'est nous. *Et les deux femmes qui n'ont rien à voir avec vous ?* Pareil, elles sont arrivées à l'heure comme nous. Elles ont chanté juste comme nous. Avec nous. Au fait, pourquoi tu demandes après elles alors que tu refuses de les libérer ? On t'en a fait la demande plusieurs fois dans nos lettres, pourtant... Tu ne peux tout de même pas leur en vouloir de nous être fidèles après que tu as suicidé mon père pour t'avoir trahi.

...

Réponds, j'ai besoin de savoir.

La porte du palais est immense. Lourde porte en bois vert anglais, martelée de beaux clous à distance régulière tout autour de l'arcade. Dans l'un des deux battants, une petite porte dérobée à hauteur d'homme permet d'entrer. Ou de sortir.

Les grands battants se sont ouverts, béants sur une cour carrée. Je ne l'ai vue que du dedans, cette immense porte. Je devine le recto de la même couleur et de la même taille, comme l'imposerait le bon goût. Au-dessus de la cour, le ciel pur. Carré et pur.

Le palais du Glaoui paraît petit ou est-ce seulement une petite aile qui nous est réservée ? Tant qu'on n'y a pas plongé la pointe des pieds, on ne peut deviner les honneurs qui nous reviennent.

Un colonel au manteau maxi coupe nazie, le col relevé sur des oreilles dressées, donnait des ordres sans jamais s'adresser à nous. On voyait faire. On entendait aboyer. Par coups de gueule interposés, on obéissait à ce qu'on nous disait de faire. On entendait faire et dire sans savoir ce qu'il allait advenir de nous. Lentement, les lourdes portes se refermèrent sur la cour carrée, avec nous au milieu d'un cercle de plus en plus étroit, de plus en plus précis. On se dégourdit les guibolles. On s'épousseta les uns les autres. On se démaquilla en s'amusant de notre masque de sable, de poussière, de chance, de malchance et d'une profonde nuit blanche.

Autour de nous, des uniformes nouveaux s'ajoutaient aux anciens. Deux corps d'armes allaient se disputer la même tragédie. Ils se surveilleraient mutuellement afin qu'aucun ne trouve le temps de s'attendrir.

Le tout était engagé pour tordre l'arc-en-ciel.

J'avais onze ans.

VII

TAMATTAGHT, 1974

Le colonel s'éclipsa sans nous avoir dit un mot. On nous installa. On nous fit visiter. La bâtisse est en L sur le premier étage. D'un côté, un long couloir avec fenêtres sur cour mène à une petite chambre aveugle. De l'autre, deux pièces rectangulaires meublées en dortoir, parallèles à un patio dont l'immense ouverture donne aussi sur la cour. Du patio, le ciel s'affichait bleu, bleu et toujours pur comme sait l'offrir le désert. Les cabinets étaient dotés d'un lavabo et d'un trou à clapet qui recevait l'eau de la douche et le reste dans une pièce du bas. Au rez-de-chaussée, l'entrée accueillait les cruches et des bassines d'eau. Une autre pièce noircie de suie se proposait d'être la cuisine. Ni eau courante ni électricité. Les dortoirs étaient meublés de lits d'apparence confortable, de tables de nuit pour chacun, de lampes à gaz, de tapis berbères. Un repas avait été prévu. Le temps de finir la visite, le capitaine dégingandé nous souhaita bon appétit et s'en alla, suivi par ses hommes et d'autres hommes pour surveiller ses hommes.

Une fois seuls, nous nous sommes empressés de faire le point. Ma mère avait reconnu le colonel. C'était le frère d'un ami du roi décédé en juillet 1971, le même jour que le père de ma copine qui écrasait les fourmis au pied d'un cyprès de mon jardin.

Le détail est important. Ce colonel avait été nommé pour « s'occuper » de nous. Le roi lui donnait ainsi l'occasion de venger la mort de son frère. Autre détail important, aucun de nous n'avait tué ni aidé à tuer le frère du colonel.

De mauvaises ondes voilaient les cœurs encore tendres. Le repas abondant et savoureux passa mal. On s'installa. On s'organisa. On s'occupa. Le grand couloir servirait de salle de classe, le patio de salle à manger, ma mère dormirait avec mon frère de cinq ans dans la petite pièce du fond.

Le lendemain matin, les gardes entrèrent avec des seaux d'eau pour remplir les cruches. Les bassines en plastique étaient alignées, remplies à ras bord afin de nous permettre de nous laver à notre guise. Le capitaine demanda qu'on nous réunisse. Le repas, les lits et la déco, c'était seulement pour l'accueil. Ils reprirent tout le mobilier. Puis la liste des vivres qu'on allait dorénavant nous accorder fut lue : une fois par semaine, on nous apporterait un kilo de riz, de pâtes, de sucre, de farine, de lentilles, de viande, et puis de l'huile et des œufs. Cette liste avait été établie au vu de la somme accordée quotidiennement par l'État à chaque prisonnier. Il avait bien dit « prisonnier ». Non, c'était une façon de parler. Non, il a bien dit « prisonnier ».

Plus de promenade à l'extérieur, même pour les plus jeunes. Un infirmier resterait à notre disposition.

« Puisque la somme allouée pour remplir le caddie hebdomadaire est fixée, pourrions-nous parfois permuter avec du poisson, du beurre ou des yaourts pour favoriser la croissance ? » Le regard noir du capitaine, son silence, sa gêne en disaient long. « Ce n'était qu'une idée, capitaine. »

L'étau se resserrait. L'accueil soigné permettait de tenir les esprits calmes et vingt-quatre heures semblaient suffire à réfréner un réflexe humain de révolte ou de désespoir. Le suicide intervient le plus souvent au cours de la première nuit, n'est-ce pas ? *Souvent.* Une fois les portes refermées, les premières vingt-quatre heures passées, il est trop tard. *Toujours.*

Nous étions prisonniers.

De nouvelles habitudes s'installèrent et graissèrent la routine pour faire s'emboîter les jours les uns aux autres. Réveil à sept heures, douche, petit déjeuner en famille, école pour tous, récréation dans la cour, déjeuner, re-cours, re-récréation, re-douche, dîner, concours de lecture et enfin le dodo avec chasse aux moustiques, aux cafards, aux rats, aux serpents, aux souris et aux chauves-souris. Des concours étaient organisés. Les plus forts ont écrasé plus de quatre cents moustiques le même soir et la plus grosse chauve-souris ne rentrait pas dans un bocal de trois litres. Voilà pour les trophées. Côté lecture, la concurrence nous laissait éveillés jusqu'au milieu de la nuit. Le gagnant était celui qui lisait le plus de livres et dont l'exposé était le plus concis.

Il y a du bon en tout et partout.

Le soir, le regard perdu sur l'un des deux grands portraits de mon père, ma mère écoutait souvent à la radio Oum Kalsoum ou des versets du Coran. Une photographie en couleur le montrait en homme bleu et l'autre, noir et blanc, en tenue de guerre, coiffé d'un casque à filet. Sur les deux clichés, il semblait vivant. Souvent, le soir, seulement après avoir assuré sa journée, la Mère Courage pleurait, le regard perdu dans les yeux de son mari. Parfois, il lui manquait horriblement, parfois elle lui en voulait de l'avoir abandonnée, des fois elle s'en prenait à lui d'avoir passé ce coup de fil qui nous dissuadait de quitter le pays tant qu'il en était encore temps. Tous les soirs elle pleurait, elle chantait ou psalmodiait, et toujours elle l'aimait, encore et toujours. Cette scène de communion entre mes parents allait longtemps représenter pour moi l'image de l'amour inconditionnel. L'homme agit et décide de sa vie. La femme subit, colmate les dégâts, assume les conséquences.

Puis pleure son pardon indispensable à l'amour toujours.

VIII

LES CIGOGNES

J'avançais vite dans mes douze ans, avec des idées plein la tête. Mon petit frère aimait jouer avec moi. Ma sœur, de quatorze mois mon aînée, déjà pubère, préférait la compagnie des grands. Rien n'avait freiné mon besoin d'apprendre mes leçons, de les réciter avant qu'on ne me le demande, de bien faire, de jouer docilement, de lire et d'arriver toujours dernière dans les concours de synthèse. J'avais adoré *Guerre et Paix*, *Le Grand Meaulnes*, *La Princesse de Clèves*, le *Docteur Jivago* et relisais pour la troisième fois avec la même passion *Autant en emporte le vent*. Scarlett me plaît. Cette fille, en plus d'être belle, n'abandonne jamais. Elle fait la mauvaise course, les mauvais choix, mais elle est toujours dans l'action. Elle a eu le faste puis la faim, le froid, les deuils, le faste. Dommage qu'elle s'y soit perdue et oubliée. Dommage qu'elle soit restée exécrable. Et ce Rhett Butler, quelle tête à claques d'avoir pris tant de temps à se protéger ! Bientôt vinrent Dostoïevski, avec *Les Frères Karamazov* et *L'Idiot*, le programme de seconde, avec Voltaire et saint Augustin, et l'anglais, qui dépassait enfin *My tailor is rich*.

Tous les trois mois, à chaque relève des compagnies de gardes, nous recevions des colis de nos parents et le plus important restait les livres, les médicaments pour ma sœur épileptique. Quelques gardes, que nous avions réussi à convaincre d'aller voir notre grand-père, nous procuraient plus de riz, d'huile et autres denrées insuffisantes, ou de petits extras en échange de quelques liasses. Les lettres rédigées au roi étaient de plus en plus déplorables. On se plaignait à lui du traitement qui nous était réservé, convaincus que, sitôt mis au courant de notre détresse, dieu le roi père s'empresserait de punir les vicieux qui commençaient à prendre trop de plaisir à nous faire des bobos à l'âme et au cœur. Silence. Auparavant, on comptait le temps qui passe, là, on se plaignait du temps qui passe. On se morfondait de tout ce temps qui passait, qui se passait sans nous.

Puis, un jour, à la faveur d'une visite, on s'est sentis moins seuls.

Sur la rambarde du patio, un pigeon s'était posé. Prudent. Il montrait un profil après l'autre, un coup d'œil après l'autre. Lentilles et grains de riz éparpillés au sol. Il hésita, plongea, picora, s'en alla. Il appella les copains, et revint accompagné. En quelques jours et quelques poignées de grains de riz et de lentilles, les visites de pigeons voyageurs se multiplièrent. Bientôt un nid, des œufs couvés, des petits. Un gardien nous conseilla d'arracher les plumes des pigeonneaux à l'extrémité des ailes afin de les accoutumer aux lieux. La repousse des plumes leur permettrait à l'âge adulte de voler, de garder ainsi leur liberté tout en revenant, le soir venu, au pigeonnier. L'expérience porta ses fruits. Chacun de nous adopta un pigeon. Des couples se formèrent. Des amitiés naquirent et la rivalité s'invita. À qui le plus beau, le plus fort, la plus belle descendance. Très tôt le matin, après les premiers grains de riz disputés dans le patio, les pigeons s'en allaient toute la journée dans la nature. Au coucher du soleil, après l'étude, ils revenaient nous rapporter un peu d'horizon, de verdure, d'espace, d'air, faisaient la roue, prenaient un bain dans une casserole, le dîner, et les voilà dans leur nouvelle maison. Pour chaque couple une maison avait été allouée, un carton posé à l'envers dans lequel nous avions pris soin de découper au préalable une porte en arcade, afin de rester raccord avec l'architecture alentour.

L'affection portée aux pigeons était aussi parfaite que notre inimitié pour les cigognes juchées sur les tours. On les observait de la cour. On les détestait de la cour. Les cigognes sont pédantes. Elles vous prennent de haut. Elles sont bruyantes. Cela commence par un nid, tous les ans agrandi de branchages gris après leur retour d'Alsace. Tous les ans, leur arrivée dans le ciel annonce décembre et une année de plus, les plaques de glace à casser dans les bassines. À la saison des amours, deux bêtes amoureuses toujours blanches de partout avec au bout des ailes un coup de noir au gros pinceau s'embrassent de baisers rouge orangé et claquants. Ça dure un moment. Un moment tendre. Ça flirte fort, les cigognes. Puis il y en a une qui monte sur l'autre, bat des ailes et redescend aussitôt. Encore un bisou puis elles s'étirent dans une joie brillante et c'est parti pour des claquements de bec à gorge déployée. Elles célèbrent leur bonheur dix fois par jour au moins.

J'avais hérité d'un pigeonneau tout blanc. En fait, nous avions hérité l'un de l'autre. Petit, fragile, blanc comme une colombe, mon pigeon avait droit à une maison de célibataire, à une jolie porte en arcade et à tout mon intérêt. Il me suivait partout comme un chien. À l'âge adulte, il s'est mis à voler sans jamais ramener de femelle. Durant près de deux ans, il a vécu seul au milieu de ses congénères, toujours chétif, toujours un peu à l'écart.

Mais les pigeons nous ont ramené des taons. Et les taons, c'est dégueulasse. Ça aime le cul des vaches. Un soir de grande inspiration, j'ai arrosé de pesticides la maison en carton de mon pigeon. Le lendemain matin, il n'a pas répondu à l'appel. J'ai fini par le trouver tapi au fond du carton, sans taons sous les plumes mais aveugle. Dès lors qu'il ne pouvait plus voler, je le gardais toute la journée sur l'épaule et le nourrissais de bec à bec. Il fut surnommé Abbas l'Aveugle – sorte d'équivalent de Gaston Lagaffe –, plaisanterie qui m'était bien sûr directement adressée. À l'approche de ma puberté, ma maladresse devenait maladive. Je faisais tomber tout ce que je touchais. Heureusement pour moi, je n'en étais jamais réprimandée. Sauf que, à force de faire rire, je fus surnommée Charlie, du nom d'un militaire de la Navy qui rêvait depuis tout jeune d'être aviateur et qui sur son porte-avions durant la Seconde Guerre mondiale, en pleine guerre du Pacifique, était réduit à agiter les bras pour faire décoller et atterrir des pilotes chevronnés. Les aviateurs japonais kamikazes ayant eu raison de plusieurs porte-avions et de nombreux aviateurs, il y eut pénurie. Charlie a sauté dans un avion, a décollé comme un chef, a abattu plusieurs avions ennemis et s'est posé fièrement sur le porte-avions... japonais. Nous avions entendu cette histoire à la radio dans l'émission *Histoires extraordinaires* de Pierre Bellemare. D'où Charlie le bien nommé.

IX

PARDONNEZ-NOUS NOS OFFENSES

Les jours s'enchevêtraient. Les corps poussaient à leur rythme. Un se rehaussait déjà sur un mètre quatre-vingts, l'autre dressait des seins et des hanches de jolie femme, un autre fêtait ses vingt ans et moi, je commençais à prendre la grosse tête.

On n'avait pas encore muté. Mais ça n'allait tarder.

À force de retourner le problème dans tous les sens, on en avait déduit qu'il fallait s'adresser à Dieu lui-même plutôt qu'à ses apôtres. Et nous voilà pris d'une fièvre religieuse poussée au plus haut point. Le désespoir et l'incompréhension ne pouvaient nous éviter ce détour. Aux cinq prières conseillées, on rajouta celle, accessoire, d'avant l'aube. Aux mille demandes de pardon de la journée, on rajouta la pénitence. Aux trente jours de ramadan, on offrit quatre mois de jeûne. On ne jurait plus que par le Coran, n'entendait plus que le Coran, ne communiquait plus que par le saint Coran. Le Coran, encore et toujours, parfois des nuits entières de miracle annoncé. En même temps qu'on se croit spirituel, la religion s'empare de la raison. L'espoir se fait logique et contredit l'idée même de désespoir. La logique nous disait coupables. La culpabilité nous imposait de demander pardon. Ça tournait dans nos petites têtes d'ovins comme des vêtements dans un tambour de machine à laver avec une bonne dose de javel.

Pour prier, les filles sont contraintes de porter une tenue décente des chevilles aux poignets et un foulard sur les cheveux. Maman m'apprit que mon père priait nu dans sa chambre.

« Pourquoi cette différence ?

– Parce que tu es une fille. »

Je suis. Et ce que je suis n'est pas suffisant.

J'avais grandi de plusieurs centimètres d'un coup. Je jouais toujours avec mon frère. Un jour qu'on s'amusait dans la cour, je lui ai envoyé par mégarde un ballon de tissu dans le bas-ventre. Il est tombé dans les pommes. Panique, excuses, rien n'y a fait. « Tu ne peux pas te rendre compte, tu n'es qu'une fille. »

« Tu es une fille » devient « tu n'es qu'une fille »...

Cette traduction du sacré qui me faisait passer pour une demi-portion ne m'enchantait guère. « C'est écrit. » Oui, bon, comment a-t-on pu écrire une connerie pareille ? « Prie pour te faire pardonner tes blasphèmes. » Je prie pour que l'auteur de cette connerie blasphématoire me rende ma seconde portion. Silence. Le père de dieu doit être sourd aussi. Peut-être bien que c'est génétique. Petit à petit, mes prières se sont estompées. Ne possédant pas la maîtrise de l'arabe littéraire, la traduction qui m'était faite des versets immuables me devenait suspecte. Il n'était pas logique qu'un dieu juste et miséricordieux ait pu apposer sa signature sur une injustice pareille entre les sexes, entre les êtres, encore moins me comparer à un mouton dans sa bergerie. De quel droit ? Le droit est juste ou alors discutable.

Pour arrêter de baragouiner en phonétique des prières à mon désavantage, j'ai cessé de croire. J'ai pensé par moi-même plus prudent d'arrêter de reconnaître six fois par jour n'être qu'un embryon chassé d'une côte, qu'un trou indispensable à la bite du premier venu, un ventre fécond ou rien, un corps jeune ou plus rien, un désir, une bonne cuisinière, une bonne à tout faire, une mineure à perpétuité, une femme à battre, une musulmane, quoique j'en médise.

Autour de moi, le ton montait. Mon adolescence était difficile. Je répondais. Je répliquais. Je ne voulais plus appeler mes aînés par frère, sœur avant leurs prénoms respectifs, sauf s'ils en faisaient autant avec moi. Je réclamais l'égalité. L'équité. Le respect et la gentillesse en retour de ma gentillesse et de mon respect. Ça ne cadrait pas. La notion de hiérarchie est indispensable à l'équilibre de la nature. Le cinquième obéit à tous ceux qui le précèdent. En âge. En âge et en sexe. Même si j'ai raison... ? Même. Même quand vous avez tort... ? Même.

Déclaration de guerre. Mes treize ans ne furent pas joyeux. J'étais infernale, tatillonne, limite caractérielle. Rien ne passait. Je ne laissais rien passer. Si c'était mon tour de nettoyer la toile cirée de la table sur laquelle nous prenions nos repas, le lendemain un autre que moi devait en faire autant, quel que soit son sexe. Mais... Y a pas de mais.

Un soir, entre ses psaumes et ses larmes, ma mère entendit une dispute entre mon grand frère et moi.

« Que se passe-t-il ?

– Je lui ai demandé de m'apporter un verre d'eau et elle m'a répondu : "Tu as deux jambes, va le chercher toi-même" », se plaignit mon frère.

Gifle. C'était la deuxième de ma vie. La deuxième de trop. La première, je l'avais reçue à six ans, à Londres, où nous étions en vacances. Nous traversions le passage clouté quand j'ai rappelé à maman la promesse qu'elle avait faite de nous emmener acheter une petite voiture pour mon frère. En plein milieu du passage clouté, à Londres, j'ai reçu ma première gifle. À trente ans, j'ai demandé des explications.

« J'étais énervée.

– Ce n'était pas juste.

– Non, mais j'étais éprouvée. Tu verras, quand tu seras mère, tu n'auras pas toujours raison. »

Deux occasions loupées de se taire valent une gifle pour chacune.

À quatorze ans, je ne me suis pas tue. Scandale. Hurlements. J'ai pris la proportion de mon inconscience. Un char, un canon sur la tempe ne pourraient pas me faire taire ni reculer sur la notion que j'ai du juste droit. À huit autour de moi, ils étaient surpris au point de ne plus rien dire. Qui aurait cru la petite fille docile capable de rébellion ? Comme ils ne disaient plus rien, ma furie s'apaisa un peu.

Je venais de grandir.

Ce n'était qu'un début.

J'avais mal au bout des seins. J'avais mal au ventre. Par un jour malheureux, j'ai eu mes règles. Je déteste ce truc qui vient sans prévenir, qui ne s'arrête pas à la demande. Je déteste les serviettes de toilette découpées en rectangle à plier en quatre, à laver, à sécher sans autre forme d'intimité. Je déteste qu'on me dise femme. Je déteste qu'on célèbre cette métamorphose comme le veut la tradition. Je déteste les traditions. Je déteste cette souillure, ces nouvelles odeurs corporelles, ces poils disgracieux, cette promotion si contraignante. C'est quoi devenir femme, sinon être un peu plus dans la merde ? Mieux, la moitié d'une merde.

J'occupais ce qui nous servait de toilettes toute la journée. Je m'y enfermais des heures à double tour. À peine lavée qu'il me fallait me relaver. Une semaine par mois, je n'assistais plus aux cours, trop occupée à monter l'eau, à me laver, à me relaver, à remonter l'eau... À moi toute seule, j'étais un savon de Marseille. Personne n'avait le droit de m'approcher, de toucher à mon assiette ou à mon verre. Sinon, je n'y touchais plus. Plus rien ne devait me salir, sous menace que je réquisitionne les WC et l'eau, le peu d'eau que je laissais dans les bassines.

J'imposais des distances. Si les distances étaient enfreintes, je mordais. Ma mère et ma sœur aînée se consultèrent. J'eus droit à la corvée des toilettes. Mettre la main dans la merde, les cheveux et les poils des autres devait m'aider à retrouver une forme d'humilité. J'ai vomi. J'ai nettoyé et vomi. Puis, j'ai appris à nettoyer sans vomir, sans réquisitionner les WC toute la journée, sans prendre toute l'eau pour moi seule.

J'ai appris, courbée en deux, les boyaux à l'envers, à penser aux autres.

X

PREMIÈRE GRÈVE DE LA FAIM

Les prières multipliées n'avaient rien donné.

Un beau matin, ils sont venus nous annoncer la division par deux de la ration alimentaire pour cause de guerre du Sahara occidental. Le peuple dans son ensemble participait et contribuait à l'astreinte.

Alors là, non. Non, c'est non. Il n'en est pas question. On commence comme ça et on finit par fumer le samedi. On ne l'a pas déclarée, cette guerre, pourquoi nous ? Et puis, vous avez dit que le peuple nous en voulait. On n'est pas le peuple. On ne peut pas être à la fois le peuple et les ennemis du peuple. C'est comme nous demander de nous en prendre à nous-même. Ça ne tient pas. Première contestation. On écrivit au roi pour dire que ça commençait à bien faire. Ces zigotos dépassaient leurs prérogatives. Vous devriez vraiment, sire dieu père et roi, trouver un moment pour leur remonter les bretelles.

Silence.

La ration fut divisée par deux. Deux repas au lieu de trois, c'était plus d'appétit. On priait pour dix mille tous les dieux. Sur mille, il devait bien y en avoir un qui échappait à la surdité génétique. Maman nous racontait son expérience chez les sœurs à Meknès lorsque, orpheline de mère, son père parti à la guerre en Syrie quatre ans plus tôt la retrouva à son retour la croix au cou. La Vierge Marie s'ajouta à nos suppliques. C'est une femme, Marie, elle pouvait nous entendre. Elle. Vite fait, les croix sont fabriquées, pendues sous les vêtements pour éviter d'aiguiser l'agressivité des bites molles.

Les prières multipliées à Marie ne donnèrent rien.

Ils vinrent un matin murer les fenêtres et la grande ouverture donnant sur la cour. Ils ont monté les parpaings un par un avec nous dans la pièce. Strate par strate, la bande de ciel se rétrécit, s'aplatit, disparut pour ne laisser qu'un filet d'aération de dix centimètres de hauteur. Une fois l'obscurité faite, la perquisition nous ôta tous les livres, les radios (sauf une, échappée à leur vigilance), le tourne-disques, les cahiers, les stylos, tous les outils utiles à l'humain à la lisière de la forêt. Pire que tout, le colonel déguisé en nazi arracha lui-même les portraits de mon père, sous nos yeux. Les deux portraits de mon père jetés à terre.

Ah ça, non !

Ah ça, c'était impardonnable, fallait l'écrire : Majesté, ils sont devenus fous, il faut faire quelque chose. Faut venir voir par vous-même, on se croirait sous le Troisième Reich. Ils n'ont plus de limites. Faites quelque chose, il ne manque plus que les miradors et le grille-pain. Sire, on va dès aujourd'hui entamer une grève de la faim pour s'assurer que vous allez la recevoir, cette missive-là. Signée de notre sang. Manuscrite au stylo noir et en double de notre sang. Par déférence, Sire. Et les bonnes manières !

Les petites entailles aux poignets pour fabriquer l'encre rouge piquaient, sans comparaison aucune avec les picotements du ventre creux. Les trois premiers jours de grève de la faim furent les plus durs. Les sept ans de mon frère cadet l'exemptaient.

Dix jours déjà à l'eau sans sucre. Silence. Faut pas déconner, Majesté, tu verrais les estomacs collés à la colonne vertébrale, la moelle épinière aspirer le cerveau sans reprendre souffle. Et tous ces gargouillis indécents, à travers les boyaux, ne sont pas de notre rang. On ressemble à de vieilles chèvres dont tu ne voudrais même plus dans ton cheptel. Pour quelqu'un qui nous disait de sa famille... J't'assure, t'aurais du mal à supporter. Et, entre nous, une lettre envoyée par les voies du seigneur ne met pas dix jours à fouler les marches de tes palais. Ou alors il y a négligence. Faudrait vous pencher là-dessus, Majesté, peut-être bien qu'on se fiche de ta gueule.

Onze jours.

Douze, et la porte s'ouvrit.

XI

QUELQUES GRAMMES DE BEURRE

Ils sont entrés avec quelques grammes de beurre.

On a arrêté la grève de la faim après douze jours pour quelques grammes de beurre. Trois ans sans beurre et le beurre par centaines de grammes. C'est trop bon.

C'était un bon début. Si le beurre entrait, c'est que tout pouvait finir. Le goût du beurre aujourd'hui, c'est celui de la liberté demain matin.

Des tartines beurrées, un vrai régal. On s'en mit plein les miches. Et la victoire sur tous ces zigotos, dis donc ! Délicieuse. Une petite confiture aux abricots ? *Step by step*. Si on a eu le beurre, on aura la confiture.

Ah, quand même, le roi nous a entendus. Y a rien à dire, dans la vie faut se battre. Plus votre interlocuteur est haut placé, plus faut cogner pour se faire entendre.

C'est logique.

Soyons d'accord.

Seul le roi pouvait avoir autorisé quelques grammes de beurre.

La tartine coinçait quelque part. Le beurre fut rejeté par le corps qui ne le reconnaissait plus. Trop vieux, son souvenir. *Sans rancune*. Tu penses bien, vieux, sans rancune. La prochaine doléance sera la confiture.

Je vais t'en donner, de la confiture.

XII

CAPITAINE BORRO, 1977

En lieu et goût de confiture d'abricots, un nouveau chef nous fut affecté.

Entra brutalement, entourée d'une horde de gardes, une forme épaisse, sans nuque, les yeux injectés de sang, un regard de crocodile, une démarche de gorille, un cœur de pierre à la tête rasée. Borro. Lieutenant Borro.

Ce n'est pas la peine de détourner les yeux, tu ne l'oublieras jamais. C'est bien la première fois que je te crois.

Borro a été choisi pour maintenir la montée en puissance de la machine à broyer. Il allait huiler la mécanique pour qu'elle ne s'enraille jamais. Telle était sa mission. La dernière lettre écrite de notre sang et faisant référence au traitement nazi, c'est lui qui fut chargé de nous la faire regretter. Il allait nous apprendre le prix des mots, l'analphabète. En plus de la ration divisée par deux, il allait nous faire découvrir le goût de la nourriture avariée.

Une deuxième perquisition eut lieu, plus violente encore que la première. Les gardes qui nous portaient secours furent dénoncés et arrêtés. L'évasion imaginée et manigancée en sourdine fut étouffée dans l'œuf. Les colis trimestriels interdits. Le traitement contre l'épilepsie réduit de moitié. En un mois, Borro fut promu capitaine. Capitaine Borro, et une autre vie commence.

Peu à peu, le jour donna l'impression de ne plus se lever. Ma mère signait sous la pression des documents la dépossédant d'une partie de ses biens. L'ombre du malheur bâillonnait nos hurlements. La claustrophobie n'était pas seulement une vue de l'esprit. Les corps perdaient leur panache. La maladie, si grave soit-elle, était soignée à l'aspirine. Les livres confisqués retirèrent le peu de sens donné à nos journées. Les pigeons rampaient sur le ventre pour venir chercher leur riz sans vraiment compatir. La petite radio rescapée diffusait tard le soir un filet d'oxygène avec nous tous autour. Heureusement, Macha Béranger, Gonzague Saint-Bris, José Artur et Pierre Bellemare étaient ponctuels.

L'imagination sauvait le reste. Nos restes.

Cela faisait combien de temps qu'on n'avait pas ri ? Un siècle. Combien de temps qu'on n'avait pas pleuré un bon coup ? Ça venait. Les coups de déprime firent leur entrée dans l'arène. Trop de questions restaient sans réponse. Pourquoi nous, pourquoi une mère, ses enfants, deux malchanceuses qui n'avaient rien à voir avec notre nom ? Pourquoi cet acharnement, cette cruauté sadique, ce monde extérieur qui ne levait pas le petit doigt, ces amis qui n'en étaient plus, cette condamnation sans procès, pourquoi ? *Parce que.*

C'est lourd de se plaindre. Se plaindre est de l'ordre de la mauvaise éducation. Il est un proverbe du bled qui dit : « Plus l'orphelin se plaint et plus Dieu l'accable. » Le proverbe se fit vite prophétie.

Ils revinrent nous chercher.

Ils revinrent nous prendre cette fois-ci en milieu d'après-midi. En plein jour.

L'espoir désespérant nous avait fait croire qu'ils venaient nous libérer. Tu peux rire. Tu peux rire fort.

Ne crains rien, je ne me prive pas.

Tout alla très vite et prit un temps monstre. Borro était aux manettes. Tri des affaires à emporter. On dut séparer nos affaires des affaires de l'État. Le minimum était requis. Temps imparti : le minimum. Les pigeons, nos pigeons n'étaient pas revenus. On ne pouvait pas partir sans les pigeons, il fallait attendre qu'ils reviennent. Personne ne serait attendu. « À dix-neuf heures, vous sortirez d'ici, par la force s'il le faut. » La force ne présage pas la liberté. La liberté ne suppose pas l'usage de la force. Le malheur rend con ou je rêve ? Ou alors j'espère peut-être encore ta raison retrouvée. Ou, tout simplement, suis très con et toi, très fort.

...

Abbas l'aveugle, le pigeon de Charlie le maladroit, effrayé par les hurlements des gardiens devenus chiens de garde, s'est envolé. Il a parcouru quelques dizaines de mètres pour s'écraser derrière un mur d'impasse. Mon pigeon devait avoir du flair pour quitter mon épaule et choisir de mourir. Choisir de mourir de faim, certes, mais libre. Abbas est mort de faim, libre. Libre, derrière un mur d'impasse. Mais libre. Libre.

Trois par trois dans les fourgons aveugles vert anglais. La mère et les deux fils doivent sortir en premier. Insurrection. Il n'est pas question d'accepter de laisser le chef de famille et les deux mâles nous devancer. Tu ne vas pas déjà considérer mon petit frère, à huit ans, comme un rival à abattre ? D'accord, tu as misé sur le mauvais chameau, d'accord, après toutes tes déceptions, tu vois des traîtres partout, des fils de Brutus dans chaque spermatozoïde de chaque testicule à naître, mais là faut pas abuser. J'te promets, c'est pour ton bien, tu prends un risque immense à te ridiculiser devant ta horde de lobotomisés. Compromis. Trois par trois toujours, mais cette fois sans sexisme. Nous voilà bousculés avec la même violence au fond des fourgons. Les portes latérales claquèrent à peine la dernière cheville introduite. Gyrophares. Tout était orchestré. Rien ne devait être laissé au hasard. Le moindre détail était important pour que la personnalité s'incline à terre, docilement. On claquait des dents. On bouffait la poussière. Les trois meilleures polices du monde avaient transmis leur savoir. Bravo. Le psychisme était conditionné pour entrevoir la mort immédiate en même temps qu'il devait continuer à reconnaître le prix de la vie à chaque fraction de seconde. Rester redevable. Ça rappellait des choses. Rester redevable du prix de la vie épargnée au compte-gouttes. Rien ne vaut une vie qui ne vaut rien. Les portes ont claqué sur un silence de morts. De morts vivants. Sur les banquettes, trois gardes nous attendaient, baïonnette au canon, les yeux baissés. La situation était risible sans pourtant donner l'envie de rire. À nos pieds, dans des paniers en osier, quelques pigeons récupérés dissipaient nos larmes. Ça ne finirait donc jamais.

Ça ne fait que commencer.

Tu déconnes ! ? Arrête ton jeu, tes plaisirs et ta dégustation. Passer de l'amour à la haine, je veux bien, mais de l'amour à la médiocrité, ça craint vraiment. T'es quand même un fils de bonne famille. T'es roi, t'es représentant de dieu, t'es dieu, faut t'élever, mon vieux. Sois digne si tu ne peux mieux. Enfin, bref, je ne peux pas sauver mon histoire et la tienne, ma dignité et la tienne, ma pomme et la tienne.

Trop tard.

On s'est refait l'Atlas dans le sens inverse et cette fois-ci je t'interdis de me demander lequel de tes trois Atlas j'ai avalé de travers. Je ne vais plus à l'école et je m'en contrefous de la géographie de ton pays. *Bon.* Je disais donc, on s'est refarci l'Atlas. Les gardes appuyés sur leurs baïonnettes vomissaient les virages entre nos pieds et s'excusaient, confus. Regarde, eux encore, ils s'excusaient d'être malades. Le mal du voyage, la vitesse, l'obscurité, la durée, la faim, la soif, la chaleur, le roucoulement des pigeons, les fusils confiés à nos mains fébriles le temps d'un autre vomi, nos mains fragiles autour de crânes casqués. Et l'odeur. Et cette boîte de sardines aveugle qui roulait sans jamais s'arrêter. Aller simple vers la fin du monde, sans témoins ni personne.

Dehors, quelqu'un devait se démener pour retrouver notre trace, c'est sûr. Cinq ans d'absence, cela pouvait soulever des questions, éveiller quelques soupçons. Il y a des gens dont c'est le métier d'enquêter. Et puis, mes parents étaient suffisamment dans les hautes sphères pour espérer avoir laissé quelques souvenirs. Le shah et la shabanou ont dormi chez nous, c'est pas rien. De Gaulle a condamné mon père, par contumace, aux travaux forcés à perpétuité, c'est pas peu. Ma sœur connaît Alain Delon. Mon frère connaît Steeve McQueen. Ma mère connaît la mère du roi, tous ses enfants et petits-enfants. C'est pas rien du tout, tout ça. Tout ça et ne serait-ce que ça devrait avoir laissé une preuve de notre existence. Et, de fait, laissé une trace de notre disparition. Quelque part une trace de nous en quelqu'un, un flirt, un soupirant, la femme de sa vie, un créancier, un banquier, une poubelle, un peu de nous imprimé dans un cahier de classe, un registre de douane, un petit cœur qui battrait encore pour l'un de nous. Un brin de sentiment ailleurs avant notre évaporation totale. À l'exception de ton frère Abdallah dont on a reçu une cargaison de livres, ils ne peuvent pas tous, sans un mot, les bras ballants, te laisser faire ce que tu fais de nous.

C'est sûr. C'est pourquoi je vous ai confisqué les livres et ai mis Abdallah en résidence surveillée.

T'as pas fait ça.

À ton avis ?

XIII

BIR-JDID

Arrivée dans la nuit du lendemain. La horde de gardes suivait et entourait. Borro cachait sa fatigue dans le capuchon de sa djellaba. Sous ce capuchon rayé noir et kaki, ses yeux de crocodile veillaient au laser rouge. Une allée en ciment nous mena à un bâtiment en L. Encore un. Cette fois, une maison d'ancien colon français réaménagée en prison. La horde suivait et entourait de trop près. Des figuiers et trois magnifiques palmiers étaient plantés dans la cour en terre ocre. L'enclos était fait de trois hauts murs de parpaings en ciment vulgaire peints rapidement à la chaux, avec des miradors à leurs angles. Dans chaque guérite au toit de tôle ondulée un gardien guettait, la mitrailleuse entre les couilles et les chevilles. Des spots jaunâtres alimentés par un générateur éclairaient l'ensemble. Le générateur était mis en marche quatre heures par jour, afin de remplir les citernes d'eau, puis éteint à vingt et une heure. Borro nous énonçait les nouvelles règles et désignait du doigt nos cellules, une par une. Qu'entendre, que voir en premier ? L'Atlas nous avait assommés. Quatre cellules. Quatre pour neuf. Au cul du L, la première cellule était celle où le fils de Brutus ferait de beaux rêves. La deuxième, toujours en partant de la droite, était réservée à celles qui n'avaient rien à faire là. La troisième, plus grande, accueillerait les quatre jeunes filles. Et celle en tête du L, la mère et son fils de huit ans dont on savait désormais qu'ils étaient inséparables. Les pigeons ? Pas de problème pour les pigeons, leur place était dans la cour.

Quatre portes blindées gris souris nous faisaient face. Un petit quelque chose nous disait de ne pas y aller.

« Pourquoi nous séparer et nous enfermer la nuit ?

– Pour vous protéger.

– Nous protéger de quoi, de qui, arrêtez, il n'y a que vous qui nous voulez du mal...

– Vous protéger cette nuit, le danger est ici partout.

– On est où ?

– Nulle part. »

Nulle part n'est jamais réconfortant.

« On vous enferme juste ce soir, cette nuit seulement, demain à sept heures vous aurez un café. On en reparle au café. »

L'épuisement affectait notre résistance, notre clairvoyance. Et puis, à quoi bon être perspicaces alors qu'on était les seuls à n'y rien pouvoir ?

Les vingt-quatre heures décisives étaient jouées grossièrement et ça marchait. Après, comme toujours, il était trop tard.

Trop tard, les clés tournaient dans les verrous.

On était au-dedans du dedans, séparés pour la nuit.

Pas envie de parler de ce que contient la première nuit en cellule.

Le pire, c'est l'aube qui revient comme si de rien n'était.

À sept heures, chaque porte fut ouverte, l'une après l'autre, de la gauche vers la droite. Un café après l'autre posés sur le palier, une porte fermée avant d'ouvrir l'autre nous obligeaient à nous incliner, à craindre d'être maintenus enfermés et séparés.

Qu'est-ce que tu es en train de faire ? À quoi tu prends goût ? Qui tient pour toi le miroir ?

Une fois la preuve de notre docilité obtenue, ils nous permirent de nous retrouver dans la cour : on s'en foutait du café, on exigea du papier, beaucoup de papier pour les brouillons, beaucoup de brouillons, et un stylo.

« On va écrire au roi et vous allez voir ce que vous allez voir. »

On a écrit.

Silence.

Ils n'avaient rien vu d'autre arriver, sinon leur pouvoir renforcé.

Lors de cette première nuit en cellule, ma mère fit un rêve. Elle rêva du président Bourguiba : « Soyez courageuse, lui disait-il, vous allez être enfermés ici dix ans. » N'importe quoi. Que venait faire le président tunisien dans cette histoire ? C'était débile. Dix ans, c'était de la folie pure. On était en 1977. Mon petit frère insistait sur le seul choix d'une évasion. Nous pensions la décision prématurée, dangereuse au regard de tous ces miradors, ces mitrailleuses. On allait attendre un peu, écrire au roi, implorer sa clémence. On se prenait à parler de clémence et de grâce royales. Le sentiment de culpabilité avait remplacé la conviction d'innocence. Notre force avait changé de bord. Les portes blindées qui enfermaient nos nuits menaçaient d'enfermer le jour aussi. Les cellules font le prisonnier. Le prisonnier trouve sa faute et redemande pardon. Le silence agrandit la faute. La cellule demeure à sa taille. Les prisonniers respirent leur chance d'être encore libres toute la journée dans la cour. Mon petit frère tomba dans la cour. Ma mère lui fit un lavement. Il vomit les somnifères de ma sœur épileptique. Une tentative de suicide à neuf ans a de quoi faire gerber. Il voulait mourir pour nous sauver. Même mort, il ne nous aurait pas sauvés. En représailles, le demi-traitement pour l'épilepsie fut confisqué. Les pigeons furent égorgés, quatre par jour, jusqu'au dernier, et tendus à bout de bras, la langue pendue au travers du bec, au petit déj. On refusa de les manger. Tant pis, pas de viande avariée durant un mois. Tant pis. Elvis Presley mourut à Memphis le 16 août, jour du cinquième anniversaire de la mort de mon père. La veillée était rock and roll. Maman adorait Elvis à tel point qu'elle en avait rendu mon père jaloux au cours de leurs premières années de mariage. Les piles de la radio fatiguaient sérieusement. Trois mois d'attente avant de recevoir quatre nouvelles piles, c'était long. Un garde risquait sa vie et celle de ses enfants en nous jetant tous les trois mois quatre piles et deux stylos Bic au-dessus du mur d'enceinte à l'heure précise où le changement de gardes se faisait dans les miradors. On faisait un boudin des quatre piles entourées de bandages en tissu, afin de les maintenir au chaud. La chaleur du corps leur offre une durée plus longue. Découverte par expérience. La radio survivante des multiples perquisitions était cachée sous une dalle de vingt centimètres sur vingt dans l'une des cellules.

La routine s'installait. Des journées de marche à tourner en rond, des parties de foot avec un ballon en tissu, des repas à heure fixe, cuisinés au feu de bois s'il vous plaît, et le radotage des mêmes souvenirs. Les mêmes souvenirs ressassés sans cesse, revus et corrigés pour tromper l'ennui. Nous avions pris le pli, le rythme et la vitesse de croisière des secondes, des mois, des années en enfilade, au point de commencer à nous ennuyer sérieusement. Le

Canada. Nous allions émigrer au Canada. Après avoir sillonné la France et fait dix fois le tour du monde, nous choisirions le Canada. Ce pays serait suffisamment grand pour nous accueillir. Nous aurions une immense propriété avec un lac, des sapins, des montagnes, de l'espace. Il y aurait une maison centrale pour ma mère où nous prendrions les repas en commun. Tout autour chacun aurait sa maison, son couple, ses enfants. Rien ne nous séparerait jamais. On ferait du miel, de l'élevage. Nous serions autonomes et libres. Ivres de liberté. Comme nous serions au Canada, il y aurait des castors. Les castors nous inspirèrent un dialecte. Le langage des castors allait bientôt nous servir à communiquer entre nous sans nous faire comprendre des gardes. *Khettte* veut dire « vigilance ». *Michich geveu* : « danger ». *La Sagueu* : « alerte générale ».

Après avoir fait le tour du Canada, retraversé la planète dans le sens inverse, l'ennui revint.

Pour éviter l'ennui, ils décidèrent de nous séparer le jour aussi.

XIV

SEPT ANS DE SÉPARATION

Grandir à l'ombre est étrange. Pas de montre. Pas de miroir. Pas de rasoir. Pas de pince à épiler. Pas de dentifrice. Pas de shampooing. Plus de musique. Plus de livres. Pas de chaussures. Pas de vêtements. Pas d'eau chaude. Pas de médecin. Pas de boussole. Pas de glace à la fraise. Pas de caresses. Pas de regard tendre. Pas de... *Arrête, on dirait que tu es en train de te plaindre.* Ah bon. *Je croyais que vous vouliez faire dans la dignité.* Ah oui, c'est vrai. Va pour la dignité.

C'est super d'avoir laissé les rigoles d'égout entre les cellules. Elles nous permettaient d'y glisser un bout de tuyau d'arrosage trouvé dans la cour pour communiquer entre nous. Bouche, oreille, bouche, oreille, le combiné était sommaire mais la communication passait bien. Des deux baffles du tourne-disques confisqué dont on avait prétendu qu'elles nous serviraient de table de nuit, on a retiré six haut-parleurs. Les fils de raccordement trop courts ne permettaient pas de passer le son d'une cellule à l'autre. On a tressé des ressorts de valise, de sommier, tout ce qui pouvait être conducteur et nous tombait sous la main. Positif, négatif, test. Ça marche. Mon frère en bout de bâtiment a reçu son petit haut-parleur sous sac plastique dans sa gamelle de lentilles. Test 2. Un, deux et ça marche. Il pourra écouter la radio la nuit et se réveiller moins seul. À l'aube, les dalles ont été refermées soigneusement avec le matériel caché dans un trou en vue de la prochaine perquisition. Côté perquisition, deux par semaine avaient été programmées, plus quelques-unes improvisées pour créer la surprise. Le moindre bruit suspect à l'intérieur du clapier et les voilà qui déboulaient. Le principe de la perquisition était simple. Le plus souvent, elles avaient lieu le matin. Ils rentraient à quatre, un officier et trois sbires. Ils fouillaient une cellule après l'autre, retournaient les matelas en paille, tapaient le sol de leurs pataugas pour s'assurer qu'aucune dalle ne vibrait ni ne faisait écho, tapaient sur les murs, tapaient, tapaient et s'en allaient taper dans la cellule suivante. Avant la fermeture de chaque porte, l'un de nous déposait la gamelle vide devant la porte blindée. Puis ils revenaient ouvrir dans l'autre sens chaque porte et l'un de nous récupérait la gamelle pleine. C'était la cellule n° 3 en partant de la gauche qui était chargée de cuisiner au feu de bois. Deux bouteilles de gaz ne suffisaient pas à cuisiner un mois durant. Alors, le reste du temps, la ration était mijotée au feu de bois. Comme par enchantement, la corvée de la popote s'était abattue sur les deux femmes étrangères au nom maudit, au non-sens de cette furie. La hiérarchie régnait partout. La fumée, la suie sans aération pendant dix ans, ce fut pour elles. Elles ne sont pas issues d'une grande famille. Et, quand la grande famille est mise en pièces, le petit peuple est mis en charpie. Tel est le monde. Ainsi s'en va se fracasser le monde. Il me faudrait dix vies pour les remercier. Dix vies pour expier ma chance d'être issue d'une grande famille. Dix vies au moins pour leur demander pardon.

Pardon petites sœurs.

Pardon.

Pardon chères sœurs.

Pardon en mon nom et au nom de tous les miens.

Pardon au nom de toutes les injustices.

Pardon au nom de tous les mauvais hasards.

Pardon à genoux.

Pardon à vous, à vos familles et à tous les descendants qu'on vous a empêchées de mettre au monde.

Pardon.

Se baisser pour déposer la gamelle, se baisser pour récupérer la gamelle faisaient partie de l'exercice quotidien d'humiliation. Trois fois par jour les mêmes inflexions d'humilité. N'importe quelle personnalité s'inclinerait si se nourrir lui importait encore. La faim montre un nouveau visage. C'est dingue cette pieuvre dingue au milieu de la poitrine. Ses ventouses suçaient mon cerveau à la paille tout en aspirant mon estomac. Une vraie machine à rendre dingue. Un repas par jour. Deux gamelles d'eau chaude salée et parfumée et un repas le soir. Les rations hebdomadaires permettaient seulement un repas par jour, le soir. Délibérément le soir pour réussir à dormir. *Attention, tu te plains.* Je ne me plains pas, je raconte. Crois-moi, j'aurais préféré avoir à raconter une histoire plus drôle. Et puis, tais-toi, tu m'épuises. Désolée, il se mêle de tout. Je disais donc, la sensation de faim tentaculaire. Ça creuse, ça creuse et tout d'un coup ça enveloppe la cervelle. Ça crée une obsession infernale. Vertigineuse. Ascensionnelle. Ça fait pousser des crocs de babouin, une agressivité de chef de meute. La dernière lampée de gamelle était aspirée avec des regards jetés en coin sur le voisin de paillasse, pour ceux qui en avaient un. Le plus prévoyant cachait parfois dans la paille un croûton pour les temps durs. Quand il le récupérait le jour où il voulait s'offrir un goûter, il le faisait sous le regard envieux de ceux qui l'aiment et qu'il aime. Il retirait la crotte de souris, se bouchait le nez pour ne pas sentir l'odeur de pisse – la pisse de souris c'est quelque chose – et mangeait vite pour éviter l'agression éventuelle. Puis, il passait sa journée à chasser les souris en ne cachant pas sa jubilation de leur exploser le ventre contre le sol. C'est fragile, une souris. Chaque souris en moins, c'était une miette de plus. Et ça comptait. Désormais, tout se comptait. Tout comptait. Pour les garçons, double portion. Pour la bûche du Noël suivant, des économies d'huile et de sucre s'imposaient. Les œufs pourris séchés à l'air seraient moins odorants. La viande décomposée marinée dans de l'huile et de l'ail donnerait un goût lointain de viande raffinée. Le pain rassis se conservait bien. Le temps était au détail. À l'individuel. Au moindre détail. À chacun.

Dans la cour, les figues dégoulinaient de miel. Septembre était de retour. Qu'importait l'année, nous étions encore neuf au rendez-vous.

XV

MES DIX-HUIT ANS, 1981

Jamais plus je ne mangerai de figues d'une telle saveur. Je les ai pourtant cherchées partout. J'ai recherché ce goût en Provence, jusqu'aux limites du Luberon et de la Toscane. Je n'ai plus jamais goûté de figues d'une telle saveur. Au pied des trois magnifiques palmiers, de jeunes pousses offraient de petits cœurs tendres. Des brins de thym sauvage permettaient de parfumer la viande. La terre ocre jaune donnait de quoi nous laver le corps, les dents et faire la vaisselle. C'était une terre argileuse qui dégraisse, nettoie et laisse la peau douce. Le genre trois en un : Hassan II, parce que je le vaux bien.

L'heure journalière de promenade était bien remplie ; toujours une cellule après l'autre, une promenade après l'autre. Après la cueillette, défouloir à tourner en rond les yeux levés au ciel. Soixante minutes de ciel, de vent, de pluie ou de soleil. Une heure de sensations physiques sans transition, de la cocotte-minute au bol d'air à la cocotte-minute. Une heure de ciel et d'exploration. Dans ce bout de ciel, les traces blanches du passage des avions nous laissaient supposer où l'on se trouvait. Deux aéroports importants au vu de la fréquence des vols, et nous au milieu. Nous, entre deux grandes villes. Qu'ils nous aient fait quitter le désert pour nous rapprocher de la capitale et durcir nos conditions d'incarcération était déroutant, surprenant. Mais non, mais non, ils nous ont rapprochés du monde civilisé pour faciliter notre libération. On écrit au roi pour le remercier d'avoir choisi cette optique, cette vision subtile, digne de son intelligence éclairée, laquelle épargne du même coup notre honneur et le sien. Gratitude et admiration éternelles, Sire.

Silence.

Sept ans. Sept ans sans nous voir. Sans nous voir grandir. Vieillir. Sept ans sans que nos regards se croisent. Sept ans sans nous toucher. Sans nous sentir. Sans nous chatouiller. Sans nous foutre des baffes. Treize ans qu'on ne s'est pas envoyé de la chantilly sur le bout du nez. Sept ans au milieu desquels j'ai eu dix-huit ans. Neuf plus neuf, dix-huit. Ce sera quand, les prochains ? *Ceux-là et plus jamais.* Mes dix-huit ans sonnent à minuit, et je les aurai encore et autant que je le voudrai, et au grand jour. Ceux que tu me fais vivre aujourd'hui ne comptent pas ou peu. Au fait, ton frère vient de mourir. Nous le pleurons. *Je ne t'ai jamais interdit de pleurer.* Tais-toi, je viens d'avoir dix-huit ans et, pauvre conne que je suis, je crois pouvoir les avoir encore.

…

C'était un jour d'été, le jour de mes dix-huit ans. Marc, mon beau Marc, n'avait pas pu venir. François Mitterrand était président. Je ne voulais plus épouser Johnny Hallyday depuis qu'il m'avait préféré Babeth. Je sais chanter *Gabrielle* sans lui. Et je serais chanteuse sans lui. Le monde vivait, tournait, souffrait sans moi, sauf que ce monde en parallèle n'était plus le mien. Alors, je me détachais de ce monde-là juste à côté qui trouve la force de tourner sur lui-même avec vous tout autour et moi sur le bas-côté. Je devenais le centre, le gouffre, et la Terre tournait par défaut autour de moi. Moi. Je ne savais plus compter ni mon enfance ni ma jeunesse, ni la vie qui les avait déformées et encore moins le vide qui se proposait comme avenir immédiat. Le tourbillon m'aspirait et m'éjectait comme au tout commencement. À rien. Je n'étais plus rien et je devenais un tout du même coup. Un rien qui recommençait de rien. Un rien qui démarrait de rien. Un rien qui se régénérait de lui-même. Un tout qui n'était un tout que pour lui-même. Un nombril. Une victime.

Je suis devenue le pire.

Une victime.

Ce jour parmi tant d'autres, mes dix-huit ans m'atteignaient. Neuf plus neuf. Neuf dedans, neuf dehors, c'était dix-huit plein pot. Trois années sur sept sans avoir vu ma mère. Mon éphéméride commençait et s'arrêtait là. Privée de ma mère, mes dix-huit ans se décomptaient par son absence minute par minute. À travers la rigole, je reçus au bout du morceau de tuyau d'arrosage une bague Cartier. Trois cercles en ors différents entrelacés. Une jolie bague au petit doigt. Une vraie bague Cartier pour de faux dix-huit ans.

Merci maman.

J'eus droit aussi à une triple ration de lentilles et à toutes les attentions à travers le béton. Ma sœur de dix ans mon aînée affichait la beauté d'un jour magnifique. Les autres, tous les autres, en amont, en aval du barrage, avaient tout juste le cœur gros et la conscience d'être encore enfermés là pour une année de plus.

Chaque anniversaire marquait une sentence et son absurdité. Neuf dates d'anniversaire par an, c'était neuf coups de massue sur la nuque pour chacun.

Sept ans de portes grises et de bruits de clés. Sept ans de bruits de clés aux mêmes heures. Sept années de bruits de bottes et de cliquetis de clés aux mêmes heures. On se décrit, de bout en bout des bouts de tuyau, comme l'autre nous imagine. L'eau stagnante dans la rigole d'égout dessinait parfois un reflet déformant. S'imaginer, c'était y croire. S'aimer, c'était être. Et puis j'ai eu vingt ans sans recevoir de cadeau. La bague Cartier a serti les dix-huit ans, les vingt-huit et les trente ans des filles. La vraie bague Cartier avait perdu sa magie. Elle ne sertit plus notre sourire. Le groupe électrogène continuait de vrombir à partir de dix-huit heures. Extinction des feux à vingt et une heures. 21 h 05, ouverture des boîtiers d'interrupteur pour y raccorder nos haut-parleurs. Par le fruit du hasard, nous avions découvert dans les interrupteurs des fils conducteurs prêts à l'emploi. Une fois l'obscurité faite, un peu d'huile et une mèche prenaient le relais. Il faisait très sombre tout le temps et tout ce temps aiguisait tous les sens. L'ouïe en premier. Chaque bruissement était perceptible. Chaque semelle à crampons était définissable. L'humeur des pas, la routine, l'urgence, l'imprévu, la lassitude, tout était visible à l'oreille. L'arrêt des pas indiquait l'emplacement d'un mirador derrière les murs. L'haleine de tabac brun, la toux, les crachats. Ils étaient juste derrière entre deux murailles, comme une deuxième peau avant l'air libre. À l'extinction des feux, ma sœur nous racontait une histoire qui bientôt deviendrait une épopée, une saga, une encyclopédie. J'écrivais en miniature son histoire sur du papier cartonné. Quand les gardes livraient les denrées dans des cartons, les « oreilles » des cartons étaient arrachées, mouillées, frictionnées, grattées jusqu'à ce qu'on obtienne une page presque lisse, sorte de parchemin digne du *Nom de la rose*. Je retranscrivais ces paroles au stylo Bic au rythme de sa parole. Elle puisait dans son imagination sans fin et nous rêvions de personnages magnifiques, d'intrigues, d'amour, de sexe, de pays lointains. Seule la mort était rejetée de son récit. Aucun personnage fabuleux n'avait le droit de mourir. Quand elle le tuait, on le ressuscitait à coups de révolte générale au bout des tuyaux d'arrosage. Le soir venu, elle reprenait son histoire au chapitre précédent. Le fabuleux personnage revenait plus vivant et plus beau que jamais. Durant des heures, elle nous menait ailleurs, très loin, en Russie sous les tsars, sous la neige, en Autriche-Hongrie, en France, sous le soleil ukrainien et dans les champs de blé à perte de vue. Quand elle s'endormait épuisée au milieu de la nuit, un haut-parleur et un bout de tuyau sur les lèvres, quelqu'un rangeait l'installation, l'autre soufflait la chandelle.

Le lendemain, il y aurait encore ici, et ailleurs surtout.

Les rats piétinaient le carrelage. Sous les portes blindées, ils entraient en file indienne. La sécheresse dans le monde des vivants les faisait oser l'insurrection. Nous étions habitués aux rats. Mais là, il s'agissait d'une attaque en règle. Des rats par dizaines suivaient un chef. Les pattes veloutées tambourinaient. Les yeux rubis déployaient leur famine dans chaque recoin de chaque cellule. Faut le vivre pour le croire. Une armée superbement organisée envahissait nos murs. L'agressivité ne laissait aucune place à la supériorité physique de l'homme. Un rat, c'est une boule de muscles aux griffes et aux dents tranchantes. Un rat, ça saute sans trampoline à plus de deux mètres de hauteur. Des griffures, des morsures, des coups portés en riposte sans pouvoir donner le coup de grâce. Trop musclés, trop affamés, trop nombreux, trop soudés. Les rats en veulent. Les rats attaquent. Les rats suivent les ordres. Les rats se parlent. Les rats se consultent, réajustent leur stratégie en temps réel. Un rat ne cède que mort. Un rat mort, c'est tous les autres qui s'en iront. La bataille est effrayante. Blessures dans les deux camps. Trois humains pour parvenir à en crever un. Traînée de sang jusque sous la porte. Il faut absolument marquer son territoire. Nous avons gardé le seul trophée, l'unique, les puces par milliers, et les autres s'en sont allés penauds. Les rats ne sont plus jamais revenus en masse. Ça, c'était fait. Dans le même temps, les cigognes nichaient sur les guérites et engraissaient leurs petits. Après l'éviction des rats, on se serait bien fait les cigogneaux. Mais pour d'autres raisons. À coups de grenouilles et de serpents dix fois par jour, ils se tapent un cul à faire rêver. À la différence des rats, ils étaient juchés là-haut sur le béret des gardes, en plein ciel, sur le toit en tôle ondulée, juste en dessous du soleil tiède. L'inimitié grandissait à mesure qu'ils montraient leurs flancs dodus. Un coup de sel, un peu d'huile, de thym sauvage et un bon feu de bois auraient bien raison de leur arrogance. Une cigogne rôtie. Un bébé cigogne rôti. Trois bébés cigognes bien rôtis. Hum... La faim développait l'imagination. La compassion était toute relative. Chaque claquement de bec attisait la haine. La haine venait de l'estomac. L'estomac ouvrait des mâchoires de requin. Les cigognes devenaient des proies hors de portée. Leur ricanement se faisait insupportable. Qu'elles restent en Alsace, ces salopes au gros cul ! Qu'elles cessent de nous suivre partout pour annoncer à chaque retour, chaque décembre, une année de plus, et, à chaque couvée, des volailles rôties en moins. Dans le même temps, nous avons adopté les souriceaux orphelins par notre fait et partagions quotidiennement les miettes. Dans le même temps, le meilleur et le pire. Le meilleur de soi et la tentation du pire. Dans ce réduit, tout était trop proche, tout se heurtait, tout heurtait, se confondait, déformait et absorbait. Les dents purulentes montraient encore un sourire derrière la grimace. Les hémorroïdes grosses comme des couilles de taureau pissaient le sang, et les yeux des larmes claires et sincères. L'anorexie allégeait. Les crises d'épilepsie coupaient la langue en deux et finissaient toujours. Le cycle menstruel et ses corvées avaient disparu pour toutes ou presque. Le retour d'âge est un âge vécu vivant. L'anémie donnait un teint d'Occidental. Les fièvres réchauffaient. Le pouvoir sur la faim montrait l'étendue du pouvoir pris sur soi. La moindre faiblesse, la maladie, les déprimes étaient proscrites. Bien sûr, il y avait ceux envers lesquels on est plus indulgent. Les humains, partout, sont des humains avec des sensibilités et des préférences.

La nouveauté venait de la notion de survie.

Le malade, le faible, l'affaibli, était banni jusqu'à sa guérison.

Il en allait du moral de la troupe.

Marche ou crève.

Compatir équivalait à s'attendrir, s'attendrir à céder, céder à s'écrouler, s'écrouler à faire plaisir à ceux qui nous observaient de trop près et attendaient la première défaillance pour se réjouir.

XVI

PORTRAITS

Soudain, la mer me manqua. Pourquoi la mer si vaste ne trouvait-elle pas un petit chemin pour venir jusqu'à moi ? Comment pouvait-on me priver de la mer ? Comment la mer, avec tout l'amour que je lui porte, a-t-elle pu se passer de moi ? Comment l'essentiel a-t-il pu être dissipé, effacé, anéanti par trois fois rien ? Comment le soleil mort a-t-il encore le pouvoir de me faire oublier tous les océans ? Il restait l'eau glaciale de la douche du matin. Les spasmes laissés au creux du ventre la journée entière. Le claquement des dents. Le bleu aux lèvres. La soupe à l'eau salée. Il restait la peur. La peur de chaque instant. L'oreille tendue. La colique. La terreur. Les neurones liquéfiés au fond de la culotte. Plus rien à perdre pourtant. Sauf. Sauf la petite radio à sauver. Sauver José Artur, Gonzague Saint-Bris, Macsha Béranger, Jean-Louis Foulquier, les routards trop sympas et tous les autres. Cette radio était vitale. Elle était notre station spatiale. Ce petit boîtier renfermait tout notre oxygène. Notre lendemain. Notre dernière part d'humanité.

Hormis la peur, il restait le froid, même en été. La faim agrandie par le froid. Le froid fixé par la faim. Il restait l'obscurité, toujours. L'amour démultiplié par les murs. Le manque d'amour froissé contre les murs. L'enfance qui s'éloignait à reculons. L'idée du sexe. L'absence de sexe. Les phéromones. Les premières rides. Les couilles débordantes. Le temps intemporel. Cette vie qui avançait, s'enfonçait sans jamais demander notre avis. Il restait l'innocence sans crocs, sans balles, sans canon, sans corde pour se pendre... Aucune échappatoire n'était permise et c'était bien là le drame. Il ne restait même pas le choix de mourir.

Il restait l'innocence qui ne sert à rien et plus à personne.

Un jour, l'heure de promenade fut interdite. Les portes ne se sont pas ouvertes. Ils ont abattu les palmiers à coups de hache. Ils ont bouffé le cœur des palmiers immenses à l'heure de la gamelle afin qu'on les voie déguster leur butin. On a vu les gardiens, hier copains de galère, prendre du plaisir à nous narguer, le sourire dégoulinant de jus de cœur de palmier. On a compris la nuance. Les gardes gagnaient en grade. Nous, on a cherché à gagner leur pitié. Lorsqu'on leur a rappelé n'avoir commis aucun crime, ils nous ont rétorqué qu'ils n'étaient pour rien dans notre malheur. Ils appliquaient des ordres et si l'ordre leur était donné de tuer leurs propres enfants, ils tueraient leurs enfants, l'un après l'autre, un ordre après l'autre. On a écrit. On a demandé des crayons et du papier à dessin pour une vingt-cinquième fête du Trône, plus importante que les autres. Nous avons tracé trois portraits de trois générations d'une même dynastie : Mohammed V, le père, Hassan II et le fils. Trois portraits au fusain, parfaits. Suspicion. Ils ont soupçonné une complicité extérieure. On nous les a fait refaire. On les a refaits – les trois portraits au fusain –, aussi parfaits que les premiers. La suspicion fut levée. Nous avions du talent.

La riposte fut immédiate.

Le groupe électrogène a été mis en route en plein jour. C'était l'annonce d'une perquisition à grande échelle. Immédiatement, course pour cacher tout ce qui nous restait et qui nous faisait encore trembler : la radio, la bague Cartier, la gourmette en or de mon père et l'alliance de ma mère. Pas le temps de les enterrer ou, plutôt, pas le temps de faire sécher les dalles.

En trois minutes, nous étions prêts à les recevoir.

XVII

LA HONTE

C'était atroce. C'est tout. Le colonel au manteau maxi menait la parade, dispatchait ses ordres et se maintenait en retrait. Les molosses foncèrent, fondirent sur les portes. Les quatre portes blindées s'ouvrirent en même temps. Les molosses reculèrent pour nous voir sortir à distance. L'idée était de nous réunir dans une seule cellule afin de pouvoir perquisitionner toutes les autres sans témoin. Je tremblais. Les piles entre mes cuisses réunissaient tant d'espoir. Tout l'espoir. L'espoir et l'énergie de la dernière petite voix qui filtrait encore un peu de jour dans notre mouroir. Je le savais.

Je le savais et je tremblais.

Alors que nous traversions l'allée les uns derrière les autres, les molosses ont vu combien je tremblais. Fouille au corps. Les piles furent tâtées, trouvées entre mes cuisses. J'avais honte. Les piles furent réquisitionnées. J'avais honte. Il y aurait enquête. Les piles servaient à une machine. Laquelle ? J'avais honte. « Trouvez celui qui a osé alimenter la machine et tuez-le. » J'avais honte. La perquisition était, par ma faute, légitimée. J'avais honte. De retour en cellule, les autres consolèrent ma honte. La radio n'a pas été prise, c'était le principal, et on saurait trouver une autre source d'énergie. Je pleurais de honte. Les autres essuyaient mes larmes. Je m'effondrais et les autres m'entouraient pour me faire relativiser ma honte. On était encore vivants. C'est vrai, on était encore en vie. Je ne m'effondrais plus, je dégringolais. *A priori*, la honte ne m'était pas destinée et pourtant c'est moi qui l'éprouvais. C'est de moi seule qu'elle s'emplissait. Pas moi, pas là et en tous les cas pas cette année-là. Pas ce jour-là.

À cause de moi, le dernier filtre de vie extérieure allait s'éteindre. J'aurais voulu que la terre s'ouvre pour m'avaler. Et les autres, qu'ils arrêtent de me consoler. Ce sentiment ne s'oublie pas et rien ne le répare. Personne et rien, jusqu'à aujourd'hui, ne m'a consolée – trente-cinq ans après – de la honte éprouvée ce soir-là, de cet atroce sentiment moulé au corps et à l'âme, faible voix avant même d'avoir ouvert la bouche, petit pas invitant au faux-pas tout le temps.

Il suffit d'une fois, et c'est pour la vie.

H comme Honte. H comme Hache.

Quel horrible sentiment, Hassan.

Être réunis dans la même cellule était pourtant un jour de retrouvailles. Sept ans déjà. On se reconnaissait à peine. Notre joie était figée. La perquisition durait depuis des heures. Depuis des heures trop longues. Derrière la porte de la cellule où nous étions parqués, les allées et venues ne cessèrent pas jusqu'aux trois quarts de la nuit. Ils ne perquisitionnaient pourtant pas Versailles. Un feu fut allumé au milieu de la cour pour y brûler tous les dessins, les esquisses, les brouillons de lettres, les contes, les jouets en papier mâché, les vêtements vieux de mille ans.

Table rase a été faite sur des souvenirs élimés et les dernières tentatives de bonne conduite.

Le matin est revenu.

Ah, on pouvait au moins compter sur lui. Le matin était revenu à l'heure. Sortir les gamelles. Récupérer les gamelles. Nettoyer le p'tit Versailles. Marcher en rond. S'offrir des détours en huit dans la ronde pour éviter de se croiser. Se taire. Cacher l'écume au bout des canines. Se souvenir d'avant. Se souvenir d'après. Se souvenir de mourir maintenant pour abréger l'effort vain de vivre à tout prix. Avant demain. Avant la fin à petit feu. Prendre les devants. Choisir. Enfin décider et choisir. Se décider à choisir. Avant la mort prochaine, il restait quelques dernières tentatives à oser.

On choisit de changer de nom.

C'est bien notre nom qu'ils voulaient faire disparaître. Changer de nom, c'est renaître sous une autre étoile. Changer de nom, c'est être libéré incognito et pouvoir repartir du bon pied. Demander à changer de nom, c'est admettre sa défaite indiscutable, c'est reconnaître le plus fort. C'est apprendre l'humilité. C'est en apporter la preuve et tout l'enseignement.

Libérez-nous sous un autre nom.

Lumineuse idée.

Quatorze ans à défendre notre innocence, à se vouloir dignes, polis, propres en toutes saisons, fiers d'être soi, rien mais soi, à hisser à l'ombre mais haut et fort la fierté de ce nom, le nôtre, le seul. Tant pis. On te l'offre. Entre nous, on n'y laisse pas de particule. Tu y as mis le temps et la manière, là, je crois qu'on t'a compris. Enfin. Tu peux le dire, enfin on a compris. D'accord, on a été lents à la détente. Mais tout est bien qui finit bien. On va laisser tomber les deux syllabes de ce nom qui t'étranglent. C'est bon, tu es le plus fort, tu as gagné. Est-ce que cela suffira ? Est-ce que c'est suffisant pour te faire desserrer les mâchoires ?

Silence.

La simple proposition de sacrifier son nom, la simple formulation de l'idée même d'abandonner son identité, est une élucubration géniale qui fait un de ces mal au cul !

Ça fait trop mal au cul de donner son cul au plus fort.

D'accord, quitte à donner son cul, mieux vaut le donner au plus puissant.

Ça fait mal quand même.

Silence.

Qu'est-ce qu'on ne sacrifierait pas pour rester en vie. Entre nous, la vie coûte trop cher. Ajouter le prix de la liberté à celui de la vie elle-même et la somme se fait inhumaine. Incroyable. Est-ce qu'elles méritent, et la vie et la liberté, une telle cotation ?

Il faudrait être revenu de la mort et d'une vie sans liberté pour être objectif.

Notre nom n'a pas été retenu.

Ils ont dû se délecter d'avoir réussi à hacher menu notre personnalité. Heureusement, aucun miroir ne reflétait alors notre déchéance. Sans doute avions-nous perdu à vingt ans déjà le rose aux lèvres. Peut-être avions-nous compris tous les moyens légitimes pour parvenir à nos fins. Peut-être étions-nous seulement ruinés de tout. Simplement ruinés de nous.

XVIII

MOURIR POUR VIVRE

Il nous restait cet air au fond des poumons.

Il nous restait à donner cet air.

Il nous restait ce sang par litres entiers dans chaque veine.

Il nous restait à donner ce sang.

Il nous restait la vie pour nous défendre.

Il nous restait à donner nos vies, une par une, jusqu'à la dernière.

Ma mère, la première, s'est tranché les veines. Mon frère l'a aidée. Il a donné l'alarme quand elle a perdu connaissance. Mon frère et ma mère n'ont pas réussi à susciter l'inquiétude souhaitée. Elle probablement parce que tous savaient qu'elle ne pouvait abandonner son fils à ce sort et lui parce que trancher les poignets de sa mère le faisait tomber dans les pommes.

Et puis ces cris. Les cris de ce gosse dans la nuit. Les poings de ce gosse contre la porte blindée. La détresse de ces gosses contre toutes ces portes blindées. Les regrets de ces gosses d'avoir voulu mourir un par un pour s'en sortir un par un. Et puis la démence au bout des poings de ces gosses. Et puis ces portes fermées. Et puis ces poings en sang. Et puis ces larmes de lâches d'avoir accepté le sacrifice de leur mère en premier. Et cette jeunesse sordide. Et cette nuit d'apocalypse. Et ces gardiens nonchalants à moitié endormis.

Et puis les deux bandages autour de ses poignets et au lit sans soupe.

Et puis la joie de savoir ma mère en vie.

Et puis l'obligation de mourir.

Et puis le moment de prendre le relais.

Et puis la prise de relais.

Et puis la certitude qu'il fallait beaucoup de sang, cette fois-ci. Beaucoup, beaucoup de sang. Il fallait deux à quatre litres de globules rouges au sol pour convaincre de la volonté de vivre. Il fallait un ou deux volontaires bien décidés à en finir pour incliner l'adversaire. Cela peut paraître paradoxal, mais il nous fallait mourir pour espérer vivre encore.

Deux ont échoué. Je me suis proposée sur les sept restants. Je ne me souviens plus des arguments de vente, je garde enfouie quelque part la fierté d'avoir réussi le concours.

Restait à choisir mes armes. Il y en avait deux. Mon autre frère, trois blocs plus loin, choisit le couvercle rouillé d'une boîte de sardines. J'ai préféré la petite paire de ciseaux aux bouts pointus.

Alors qu'il faisait son charnier tout seul dans sa cellule comme un grand, moi, j'avais un public et le silence tout autour, par cent fois carcéral. Parallèles à ma paillasse, trois paires d'yeux ont cessé de respirer. J'ai toujours rêvé d'avoir un public attentif, une grande scène, des musiciens, le trac avant la scène, si bon, et une *standing ovation*.

« Ça va aller ?

– Ça va aller.

– Vas-y. »

À la lumière d'une chandelle, je transperçai le poignet gauche. Le sang apparut, noir et brillant. Facile, trop facile, il faut juste arrêter de réfléchir et foncer vers la lumière. J'ai enfoncé d'un coup la pointe à angle droit. La main droite d'une droitière devient soudain malhabile. Je coupai. Je coupai en profondeur un tissu après l'autre. Les cours d'anatomie me faisaient défaut. Je coupai encore jusqu'à la veine. La matière était résistante, caoutchouteuse, glissante. Gluante. Cette petite veine transparente, d'apparence fragile, se faisait anguille sous la pointe des ciseaux. Elle jouait à survivre, à échouer, à résister à mon choix, à déjouer ma promesse, pire, ma parole donnée. L'honneur est le plus fort. En tout cas, il devait le rester. Je t'aurais. Pour l'avoir, je dus couper en diagonale. Je finis par l'avoir, la petite vipère. Quelqu'un récupéra le sang dans un récipient en plastique. Ça gouttait, puis ça pissa. Les trois paires d'yeux poussèrent un grand soupir. Je pompais avec le poing, les ciseaux plantés, virevoltants, garants d'ouverture. Le récipient me désemplit. Le cœur chavirait et emportait une partie de ma cruauté. Mes doigts glissaient dans les petits anneaux de fer. Tenir parole est le plus important. L'occasion m'était donnée d'effacer ma honte. Je demandai qu'on tienne, et si possible qu'on tourne pour moi les ciseaux dans le trou, je n'aurais plus qu'à pomper. Une de mes sœurs s'y cogna, pleura. On se regardait. La chandelle vacillait au rythme de nos respirations. Aucune ne baisserait les yeux. Elle déblatérait : « À ton baptême, j'étais la plus heureuse des sœurs. C'était grandiose. Il y avait des montagnes de gâteaux, tu sais, mes préférés, ceux avec des amandes et du sucre glace. Papa aussi était heureux. Il a toujours aimé ta compagnie. Tu te souviens quand tu chantais en boucle *Un avion à réaction* ? Ça le faisait rire. Pompe. » Je souris. « Il disait que tu serais une... Pompe, s'il te plaît. » J'avais un drôle de goût dans la bouche. Un goût de fer couvrait mes gencives. Je ne me sentais pas très bien. « Il aurait été fier de toi, pompe. » Je m'ébrouai. Rester consciente dans son choix. Elle s'est tue, je devais être pâlotte. On ne s'accordait même plus de battre des cils. J'étais prête à mourir. Elle était prête à me voir mourir.

Jamais preuve d'amour ne me sera donnée plus belle. Le sang se coagula soudain et obstrua la cavité. « Pompe. – Mais je pompe. » Le sang séchait autour du poignet plus vite encore qu'il ne s'évacuait. Il faut remuer les ciseaux. On remua. Il faut redresser le corps. On redressa le corps. « Pompe, pompe. » Je pompais dans le vide. Plus rien ne venait, ou presque. Pas assez de sang et le jour se levait. Le premier récipient traversa les égouts. Il faut en remplir un autre, vite. Je repris les ciseaux, les enfonçai, coupai plus profond, toujours en diagonale. Cette fois, la matière était différente. Je tenais un truc consistant. « Coupe. » Je coupai. Le poignet céda. Le sang ne coulait plus du tout. On en déduisit la rupture d'un ligament. Il faut attaquer ailleurs. J'attaquai le même poignet côté artère. Là, on ne plaisantait plus. Le récipient me vidait et m'emportait ailleurs. Celle qui m'avait aidée à le remplir pleurait et me rappelait combien elle m'aimait. « Je t'aime aussi. Fort. – Moi aussi, fort. – Merci. – Merci. »

Libres. Libre.

Sept heures du matin. Récupération des gamelles.

Le sang dégoulinait en plein jour sur les marches sous la porte de mon frère.

Les gardes frappèrent sur les portes blindées à grands coups de crosses.

Ding dong.

Pourquoi frappaient-ils si fort alors qu'ils avaient les clés ?

XIX

LE PRIX ? N'IMPORTE LEQUEL

Ils ont forcé la porte de mon frère à coups de crosses et finalement d'un triple tour de clé. Ils ont marché dans notre sang sans parvenir à enjamber notre sève. Ils s'en sont mis plein les crampons. Ils ont crié. Ils lui ont crié dessus. Ils se sont hurlé dessus, dégoûtés. S'il mourait, ils étaient morts, les cons. Ils s'en souvenaient. Il ne pouvait mourir que sur ordre. Désordre. Les bottes pataugeaient, crissaient, grinçaient dans la matière gélatineuse, s'extirpaient, se reposaient. Ils s'extirpaient dégoûtés de la mare aux cochons. Les courses, les allers-retours, les initiatives vaines, les mauvais réflexes, l'humain en bordure de vie panique. Gardiens stupides de cette vie stupide qui ne valait plus un clou.

Et pourtant.

Les cellules alentour avec tout ce qu'elles contiennent d'apnée n'étaient plus que tympans. Allez, cette fois, c'était la bonne. Ils allaient céder. Ils n'avaient plus le choix. On avait fait le maximum. N'importe qui céderait. N'importe quelle espèce vivante céderait. N'importe quoi. Le bourreau sans nuque surgit. Au bout du fil, le médecin du palais avait dû faire toutes ses études. « Mettez-le dans la cour jusqu'à ce qu'il reprenne conscience. » Mince. Merde. Putain de multiplication de globules. Putain de pouvoir de l'oxygène.

Ils l'ont sorti sur sa paillasse en pleine lumière.

Ils ont supporté de le sortir dans la cour avec pour seul secours deux torchons autour des poignets.

Sous les portes blindées, on respirait le désastre. La défaite. Les défaites. Ils avaient trouvé et pris la radio. Pourvu qu'il se réveille. Réveille-toi, ils n'en valent pas la peine. Debout, fils de Brutus. Debout ! Il semblait dormir mort. Que reprocher aux monstres qu'on fait grandir à l'ombre, grandir, grandir, bientôt champignons venimeux, gangrènes, parasites, asticots, bombes atomiques. Même s'il ne devait plus en rester qu'un sur neuf. Un seul suffisait. Un seul suffirait. Un seul suffira. La liberté ou la mort. La liberté avant la mort. La liberté parce que la mort. Quel que soit le seul et l'unique qu'on va tendre, rendre aux bras de la liberté, ce sera un monstre furieux.

Un monstre suffira.

Deuxième échec cuisant. Je reconnais. J'admets. La folie était savamment nourrie. La haine serait enfant choyé de la rage. La survie, descendance de la vie tout de même. Le prix ? N'importe lequel.

Libres à n'importe quel prix, on se le jura. Je nous le jurai. En ricochets à travers les égouts sans écho, on s'embrassa fort, fort, fort, tellement fort contre les murs.

Vers midi, toujours par la vue plongeante sous les portes blindées, il sembla revenir à lui. Ses paupières s'entrouvraient. L'échec rétrécissait.

Fallait vite penser au coup d'après.

Les gardiens souriaient. S'il était vivant, c'est qu'ils étaient encore en vie. Leur vie dépendait encore un peu de la nôtre. Le voir ouvrir les yeux leur donnait l'assurance de revoir leurs enfants. Ils étaient avenants, ou tout simplement heureux d'être debout devant le spectacle.

Même si ce n'était pas vrai, on avait besoin d'y croire.

Même si ce n'était pas vrai, on y croyait.

Ils lui donnèrent à boire. Renouvelèrent les torchons autour de ses poignets.

Le rire revint, à voir l'un d'eux lui raser les quatre poils pendus à son menton.

Après l'avoir rafraîchi et bichonné, ils prirent soin de le remettre en cellule.

Seul.

Seul avec ses vingt-cinq ans.

Sitôt les portes verrouillées, les bouts de tuyau retraversèrent les bouches d'égout. Débriefing de la plus grande importance.

« Le premier qui mourra sera enterré dans la cour.

– Reprends de l'air.

– J'ai entendu les deux gardiens se le dire en stricte confidence. »

Respire un coup, fils de Brutus.

« On ne sortira jamais vivants. Ils attendent qu'on meure de mort naturelle. Chacun de nous a sa place dans la cour. »

La révélation traversa comme une machette toutes les cellules et lui revint en boomerang.

« Qu'est-ce que tu racontes ! Repose-toi, t'es fatigué. T'as perdu trop de sang. Tu n'as pas pu entendre une chose pareille.

– J'suis très fatigué, mais vous m'avez compris, je répète, je répète, ils ont dit que chacun de nous a et aura sa place dans la cour. Morts ou vifs, on ne sortira jamais de là. »

T'as pas récupéré tous tes globules, t'as mal compris, t'es pas en mesure d'entendre ou d'avoir entendu. Au fait, c'est quoi ce truc de dégénéré ? C'est débile. Quinze ans à attendre pour entendre la folie.

Mais ils sont cons ou quoi ! Pourquoi ne pas nous avoir exécutés le premier jour ?

Parce que.

Pour comprendre, il faut s'être offert un plateau de fruits de mer à Arromanches, à Beauduc ou à

La Rochelle. Plein été, parfum fort d'iode, vent légèrement frais, juste ce qu'il faut, des gens tranquilles, les murailles résonnant des Francofolies, s'asseoir à la terrasse d'un restaurant bleu. Les crevettes mayo sont sublimes. La bouteille de pouilly-fumé parfumée à souhait. La maison offre l'autre douzaine de crevettes pour faire patienter. Le plateau de fruits de mer arrive. Le soleil se maintient. Les concerts se succèdent. Déguster les bestioles avec calme, ivresse et délice. Il faut encore une autre bouteille de vin et du soleil, et de la musique, et de beaux visages tout autour.

À la table, quelqu'un t'aime.

Et ?

Faut au moins trois heures pour venir à bout de toutes les pinces, de la chair tendre enfouie et de chaque fond de coquille.

Qu'est-ce que tu me racontes ?

Rien.

Y en a d'autres qui prennent leur temps, qui mettent quinze ans à savourer leurs petites bestioles.

Qu'est-ce que tu me racontes ?

Rien.

XX

DEUXIÈME GRÈVE DE LA FAIM

Ils venaient de nous casser le bassin, le moral, les pattes, les jarrets, la cervelle. Pliée en *x*, la raison s'étiolait. Pas un de nous n'avait trouvé un point d'espérance. Même maman, qui jurait depuis quinze ans qu'on s'en sortirait, accusait le coup. Trop, c'est trop. Et trop pour nous n'était apparemment pas assez pour eux. Il fallait réagir avant la fin toute proche. Les tuyaux d'arrosage dans les rigoles d'égout faisaient passer des respirations courtes, vaines. Des silences pleins de soupirs. L'épuisement, la détresse. L'impasse. L'incompréhension de l'incompréhensible. Le dos au mur, un pic d'orgueil. Vif.

S'attaquer à notre talent méritait qu'on s'attaque au leur.

Se mesurer à notre résistance méritait qu'on éprouve la leur.

Après vote en urgence, adoption à l'unanimité d'une grève de la faim illimitée. Il était rare et même rarissime d'être consultés, encore moins de voir notre avis pris en compte. Le plus souvent trois décidaient pour neuf. Les autres suivaient, sous l'influence ou l'autorité des trois sages. En tous les cas, sous l'influence ou l'autorité des trois qui croyaient dur comme fer être plus sages, plus clairvoyants, plus intelligents, plus légitimes à prendre des décisions pour tous les autres. Le régime reste partout féodal. Enfants, nous étions dépendants. Superbement protégés. Adultes, nous restions des enfants. Redevables. Ou des êtres chéris à protéger. Mais, cette fois-là, une grève de la faim illimitée nécessitait l'engagement de chacun. Notre révolte n'en aurait que plus de poids. Et il est évident qu'on ne peut pas avoir faim à trois pour tous les autres. Bien sûr, il fallait arrêter la saignée. Même un porc ne met pas quinze ans à se vider. Adjugé. Les enfants étaient devenus des hommes. Les hommes étaient en phase de muter en monstres. J'avais vingt-trois ans. Qu'est-ce que j'en ai fait ? Qu'est-ce qu'ils ont fait de moi, ces vingt-trois ans ?

Dès le lendemain, l'annonce était officielle. Solennelle. Arrêter de nous apporter à manger, nous avions décidé de nous laisser mourir de faim.

Mitterrand finissait son premier septennat. Nous entamions la grève de la faim avec détermination. En souvenir de la première, la discipline n'avait pas de peine à se mettre en place. Le ventre est assujetti au cerveau. Le cerveau, une boîte à apprivoiser. Boire de l'eau et ne pas manger. Boire de l'eau et penser à ne pas manger. Boire de l'eau et ne plus penser à manger. Les trois premiers jours sont les plus difficiles. Les trois premiers jours passèrent. La nourriture s'amoncelait dans les cellules. Ils livraient tous les jours des légumes frais de saison dont on avait oublié l'existence. Choux-fleurs. Ah, ce sont des choux-fleurs.

« Et ça a quel goût ? demande mon petit frère.

– Tu en goûteras un jour, promis. »

Du gigot d'agneau tout rose. Du beurre. De l'huile, du sucre à profusion. J'avais faim. Dix jours, ça creuse. Vingt jours, ça creuse. Les provisions croulaient et se décomposaient les unes sous les autres. Soyez raisonnables. Nous sommes raisonnables, nous ne mangerons pas. Pire, on ne vola rien. Le cerveau gérait la misère du corps. Le mental était plus fort que la mort. Ils accumulaient les provisions et nous les laissions pourrir à nos pieds.

Trois visites par jour pour s'assurer qu'on n'avait touché à rien. On ne touchait à rien. Le bras de fer était engagé. Bloqués en cellule, la paillasse moulée à la forme du corps, l'âme s'élevait. Après vingt jours, il était encore possible de marcher quelques minutes. Les nuits étaient paisibles. Une sensation de légèreté enveloppait chacun. Ma sœur continuait de nous raconter son histoire. Il y a une certaine fierté à dominer son corps, à faire preuve de volonté. Dans cette décision de refuser de se nourrir, il y a plantée et imparable la volonté de vivre à tout prix.

Un mois. Trente jours de grève de la faim. L'esprit s'occupait jour et nuit à mijoter des plats riches et bien gras. Chacun y allait de sa recette. Dépassé trente-cinq jours, il est des recettes macabres. La faim atteint la raison. Il est possible de manger des rats crus pleins de puces. À quarante jours, il devient plausible de manger son voisin.

Au quarante-troisième jour, ils entrèrent pour annoncer qu'il nous serait désormais permis de passer deux fois par semaine l'après-midi ensemble.

Nous cédâmes à la première proposition.

Il était question de les faire céder mais jamais de se laisser mourir de faim.

Arrêt de la grève de la faim au quarante-troisième jour. Nous étions très amaigris, très fatigués. Certains ressemblaient à des cadavres. Une si longue grève de la faim n'était pas prévue. Aucun de nous n'avait oublié sa place réservée dans la cour. Il fallait se renflouer au plus vite et tenter la dernière chance.

L'évasion.

Le temps était venu de s'évader.

Le fait d'être rassemblés deux après-midi par semaine dans la « cellule des filles » nous permit d'élaborer minutieusement les plans d'une évasion. L'ultime chance. Ce serait l'évasion réussie ou la mort avec panache. Nous étions enfin prêts à sacrifier huit d'entre nous pour que le dernier puisse te dénoncer. Il fallait que le monde sache. Il fallait que le monde apprenne de quoi tu es capable. Il fallait que la planète découvre que tu es un sacré enculé.

XXI

LE TUNNEL

Le rire était revenu. Une sorte d'euphorie des retrouvailles. La frénésie d'être encore dans la course à la vie. Nous étions réunis quatre heures par semaine, ce qui permit d'affiner la stratégie de cette dernière bataille. Cette fois-ci, c'était la bonne. C'était surtout la seule issue possible avant le repos éternel. On allait s'enfuir. Morts ou vifs, on allait se sortir de là. On s'en foutait d'être mort-nés, il était bien temps de prendre l'air. La sépulture, dans la cour, ce serait pour eux. L'esprit était déjà dehors, les corps en entier s'y employaient. Il fallait juste rassembler, reconnecter les neurones pour trouver le moyen d'être vraiment dehors. On avait quelques plans, pas mauvais, mais déjà démodés. Les tentatives de suicide puis la grève de la faim avaient éveillé la vigilance des gardes. Poussé dans ses derniers retranchements, le prisonnier cherche à escalader les murs ou à passer sous les murailles. En toute logique, une autre muraille s'érige autour de la muraille du camp. La force se renforce. On entend les pelleteuses et les gouttes de sueur glisser sur les fronts las. On entend le poids de la pierre sur chaque pierre, la hauteur d'où on la hisse, la force qu'elle nous prend, l'oxygène qu'elle nous vole, le ciel qu'elle couvre derrière le ciel couvert. Une autre enceinte autour de l'enceinte suppose autant de miradors pour la protéger. Le tunnel devient problématique. Non seulement il faut creuser profond mais creuser plus loin. Les calculs se doivent d'être précis. Très précis. Et si on les prenait de court ? Si on creusait si vite qu'on sortait avant la prochaine muraille, avant la double protection ?

Le besoin de vivre est extraordinaire.

Il fut décidé de l'endroit, de la profondeur, de la trajectoire, des moyens de creuser ce tunnel dans la semaine.

À neuf, nous étions enfin la solution.

Ça y est, on était en vie. On agissait. On allait arrêter de supplier, de prier, d'attendre, d'espérer d'autrui quoi que ce soit. On faisait. On était. On prenait notre vie entre nos poings. On la risquait. On la jouait. Peut-être bien qu'on la défendait pour la première fois, notre vie. Peut-être bien qu'on s'apprêtait à lui donner la première preuve d'amour, à cette putain de vie.

La maison prison était construite une soixantaine de centimètres au-dessus du plancher des vaches. Après, il fallait compter la profondeur des fondations pour passer en dessous, car il est impossible d'arriver à bout du béton armé avec une cuillère, sauf en grattant dix ans durant. Et dix ans, on ne les avait plus. Il fallait ensuite trouver comment se débarrasser des pierres et de la terre extraites. Découvrir au fur et à mesure à quelle distance l'oxygène risquait de nous manquer. Prévoir de refermer le tunnel tous les jours, et tous les jours en combler la verticale afin d'éviter l'écho provoqué par le vide sous les dalles, sous les bottes des gardiens lors des perquisitions.

Pour donner une chance à chacun de s'enfuir, il allait falloir ouvrir des passages entre chaque cellule.

Le plus gros problème était de trouver un endroit où dissimuler la terre et les pierres extraites du tunnel. Pour cela, le hasard allait jouer en notre faveur. Mon jeune frère s'était fait prendre. Il avait percé, avec un clou, un trou dans la tôle ondulée d'une fenêtre aveugle. Cet orifice lui permettait de passer la journée l'œil collé sur l'extérieur. Il était en extase devant un camion Mercedes, qu'il a pu reproduire à l'identique avec du papier mâché. De son angle de vue, il a su nous décrire la position des baraquements, les nids de mitrailleuses au sol, les congés du chef de la prison un week-end sur deux.

Un jour qu'il avait oublié de reboucher le petit trou, un filet de soleil a filtré. Ils ont immédiatement muré la fenêtre et la porte de la pièce adjacente à la cellule. Priver mon frère de sa distraction – passer

1963
• La seule photo qui nous réunit, mon père, ma mère et moi.

1963
• En costume d'apparat. J'ai 6 mois. La promesse d'un avenir souriant.

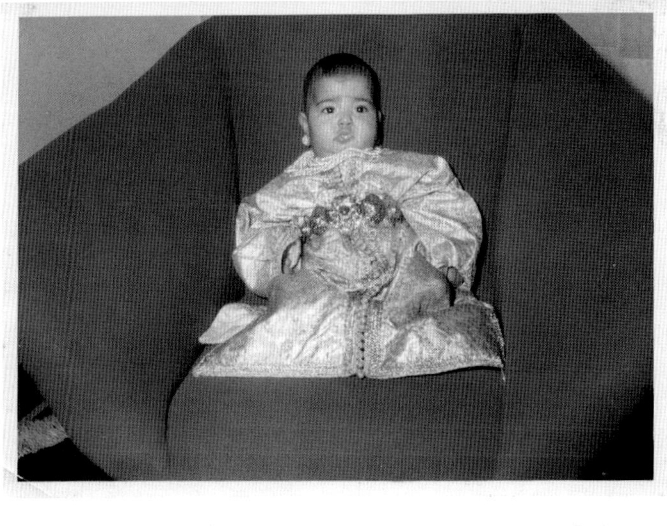

968 • À la maison, avec la plus belle des mamans du monde.

• Temara, en bord de mer, pendant les vacances. Je dois avoir 5 ou 6 ans, je ne me souviens pas à qui je souris...

1994 • Marrakech. Mes premiers pas vers la liberté.

2001 • Je viens de parler aux poissons de la mer Rouge.

2005 • Avec Lysiane Métry au *Zèbre de Belleville*, Paris.

2007 • Concert au *Cancan*, à Paris.

Pour toutes les photos : collection de l'auteur.

la journée l'œil collé sur l'extérieur – donnait la solution à notre problème. Cette pièce condamnée recevrait toute la terre et les pierres dont on n'aurait pas besoin.

Il allait falloir s'enfuir un vendredi où le chef partirait en permission.

Les premiers coups de cuillères étaient donnés le soir, sitôt les portes refermées. Les deux cellules aux extrémités du L n'auraient à ouvrir qu'un seul passage. Les deux, au centre, deux passages. Le travail était aisé dans le sens où les murs de cloison n'avaient pas de fondations. Sauf une cloison. Celle de ma mère. Nous tentions de creuser dans le mur et une conduite d'eau empêcha ma mère de passer au niveau des hanches. Ma mère ne pourrait pas s'évader. Mon frère en revanche, plus étroit du bassin, gardait ses chances.

Creuser des trous était facile en comparaison avec la difficulté de refermer les trous sans laisser de trace. De la suie mélangée à de la terre donnait une couleur de ciment, du plâtre gratté au mur puis dilué avec de la farine et de l'eau servait de peinture blanche. Des braises servaient de séchoir.

L'organisation, le timing, la rigueur, la ponctualité étaient indispensables à la réussite de ce projet titanesque. Toutes les nuits, vers quatre heures du matin, Cornélius annonçait l'arrêt des travaux. Cornélius était un âne qui braillait derrière la muraille, quelle que soit la saison, à quatre heures précises. Le changement de gardes toutes les deux heures ne suffisait pas à nous donner la notion du temps. Ou alors il aurait fallu y affecter quelqu'un à plein-temps. Cornélius était infaillible. Sitôt son annonce faite, on rempilait. Il fallait refermer, maquiller, sécher les murs, sceller les dalles, faire sécher les jointures des dalles, nettoyer, se laver, faire disparaître toutes les traces de terre ocre, de fatigue et de réjouissance. Le moral d'un prisonnier est facilement palpable. Pour la perquisition du matin, on allongeait des gueules de moutons résignés et désespérés, désespérés et résignés.

Une fois que le passage entre chaque cellule fut devenu praticable et performant, nous nous sommes attaqués au tunnel proprement dit.

Huit carreaux de vingt centimètres sur vingt suffisaient au passage d'un corps d'adulte. Première couche de terre noire. Deuxième couche de terre rouge. Pierres de fondation. Quand la pierre était trop grande pour être extirpée ou passée dans la cellule de ma mère, nous creusions latéralement pour l'enfouir. À mesure que les travaux avançaient, nous trouvions des solutions à chaque difficulté. Maman cousait des coussins de formes adaptées au remplissage avant fermeture. Triangulaires pour les coins, rectangulaires pour le fond et carrés pour obtenir une surface plane. En parallèle, cuisine sans huile pour que l'on puisse alimenter les chandelles, réserve de café pour tenir le coup, réserve d'œufs pourris pour les protéines, réserve de poivre pour détourner le flair les chiens. Il fallait penser à tout en amont. Nous ressemblions à cette armée de rats super organisée. Nous creusions à tour de rôle. Quand l'un creusait, l'autre surveillait le moindre bruit de clés, un autre emplissait les coussins de terre, un autre recousait les coussins, un autre faisait passer la terre et les pierres en surplus dans la cellule de maman, un autre les dissimulait dans la pièce laissée à cet effet, un autre préparait le faux ciment et la fausse peinture, un autre allumait les braises, et Cornélius annonçait la fin des travaux. De quatre à six heures du matin, chaque cellule refermait, colmatait, maquillait, séchait, nettoyait, lavait, frictionnait et déployait sa gueule de mouton désespéré et résigné, la couverture tirée jusqu'au museau.

Par superstition, une croix bricolée avec deux bouts de bois était déposée avant chaque fermeture du tunnel sur la dernière couche de terre, juste avant la pose des carreaux. Dans notre esprit, la croix n'avait rien à voir avec Jésus ni avec aucun autre représentant d'aucune religion. La croix, c'était pour Marie, la Vierge Marie, et seulement la Vierge Marie. Marie avait pour mission de nous protéger, de protéger ce tunnel. Marie avait droit à des prières sincères et à toute notre gratitude. Marie nous répondait en protégeant notre tunnel depuis trois mois. Nous commencions à y croire, au miracle de la

Vierge Marie. Depuis quelques semaines, les gardes contournaient les dalles du tunnel, éloignés par une force invisible. Lourdes, à côté, c'était pour les touristes.

Bientôt, l'assurance de passer au travers des perquisitions matinales nous donna l'audace de travailler le jour aussi. Le langage des castors restait toujours indéchiffrable. Au moindre risque, un cri de castor donnait l'alerte. Seul le tunnel était ouvert en journée. Seules « les filles » creusaient. Les trois autres cellules surveillaient. La deuxième muraille semblait prendre de l'avance, car les voix des ouvriers parvenaient de plus haut. Comme le piment de la vie ne semblait pas nous déplaire, nous n'avions pas échappé à une perquisition intempestive en milieu d'après-midi. C'était mon tour de travailler dans le tunnel. Une plaque de fer avait couvert l'ouverture. Cette plaque de fer avec quelques légumes rabougris étalés dessus servit de leurre. L'oxygène manqua. La chandelle s'éteignit. Des pas et des voix graves me firent fermer les yeux. Les voix et les pas s'éloignèrent. La plaque de fer glissa sur le côté pour ramener l'air. Nous venions de l'échapper belle. Victoire. Merci Marie. Merci.

Nous avons redoublé de prudence. Deux mètres cinquante de profondeur avaient été nécessaires avant d'entamer le tunnel à l'horizontale.

Si nos calculs étaient bons, la largeur entre les deux murailles nous serait indiquée par une deuxième fondation. Cinq mètres. Trois mois de travail acharné. La dernière fondation dépassée, il faudrait remonter de deux mètres cinquante vers la surface. Après, ce serait le premier bol d'air, la liberté, un champ à traverser sur le ventre, sous les balles des mitrailleuses ou l'invisibilité offerte par Marie. Entre le champ à traverser et notre mission d'alerter le monde, le mystère restait entier. Nous ne savions pas où nous nous trouvions. Notre but était d'atteindre la capitale. Une fois dans la capitale, d'envahir les ambassades suédoise, française ou américaine pour y demander l'asile politique.

Pour l'heure, il fallait creuser, creuser, creuser vite. Vite et bien. Vite, en priant Marie. En remerciant Marie. Creuser vite, avant de voir le tunnel s'effondrer sur l'un de nous. Vite, avant la fin programmée.

Le jour de l'évasion était anticipé.

Ils avaient achevé la deuxième muraille et s'apprêtaient à construire la nouvelle ligne de miradors. Ils nous avaient devancés. Nous l'avions entendu à travers les murs. La pelleteuse avait pris de l'avance sur la cuillère. Nous étions pris de court et contraints de redoubler d'efforts. Plus d'efforts, c'était plus de risques à prendre. Les équipes se succédèrent de jour et de nuit. Trois jours pour atteindre la deuxième fondation, la dépasser, et émerger enfin. Nous avions trois jours pour désigner ceux qui allaient s'enfuir. Les décisions furent prises vite et sans état d'âme.

Les plus forts physiquement allaient s'enfuir, au risque de se faire trouer la peau sitôt la tête hors du trou. Les autres resteraient pour fermer les ouvertures et faire ainsi gagner le maximum de temps aux évadés. Certains, trop malades, dissiperaient l'adversaire. Tous devaient se tenir prêts à être exécutés sommairement.

Le matin du jour J, à l'ouverture des portes, il faudrait inventer l'impensable pour retarder le plus possible l'accès à la cellule de mon frère qui, enfermé seul, ne pourrait évidemment pas refermer derrière lui. Gagner au moins une heure sur les délais habituels, tel était le mot d'ordre.

Depuis quand le temps se gagne ?

Ta gueule, l'enculé.

Ma mère était exclue de la course en raison de son impossibilité à passer ses hanches sous la canalisation. Elle était chargée de refermer après le départ de mon frère et de faire gagner du temps. Mon jeune frère fut à l'unanimité choisi pour faire partie de l'aventure. À dix-sept ans, il pensait encore qu'on pouvait passer debout sous le ventre d'une vache. Ma sœur épileptique était incapable, physiquement, de faire le moindre pas. Elle ne s'enfuirait pas. Les deux sœurs de malheur non plus. Il restait trois filles et deux garçons. Nous serions cinq à partir. Les cinq auraient pour responsabilité de sauver les quatre qui restaient. Neuf pour la même cause. Avant de se risquer à traverser le champ sur le ventre, il faudrait attendre l'extinction du groupe électrogène. L'obscurité totale.

Après ?

Après, ce serait la débrouille. La découverte. L'improvisation absolue. Une ambassade, absolument. Les radios étrangères alertées.

Et après ?

T'enculer à ton tour, sacré enculé.

Tu parles mal.

Tu es le mal.

Grandis.

Mais je grandis, mon cher ami, je grandis. La grande maison de mon enfance est dissoute. Deux ou trois souvenirs épars jonglent parfois dans ma mémoire en étau puis tombent dans le vide.

Mon enfance, c'était dans une autre vie.

XXII

JOUR J

Le visage enduit de suie, vêtus d'habits cousus dans des housses de matelas à gros motifs, chaussés de chaussons tricotés main à la semelle de caoutchouc taillée dans une chambre à air, la gourmette de mon père limée de son nom pour toute finance, un pistolet en bois peint en noir pour toute défense, nous voilà prêts.

Vendredi soir.

Le capitaine au regard de crocodile était parti en week-end.

C'était le jour J.

C'était le jour du grand départ.

Nous avons creusé à la verticale sur plus de deux mètres. Une échelle fut improvisée dans la paroi. Sitôt la gamelle du soir distribuée, nous attaquâmes à coups de griffes les derniers centimètres.

C'était jouable. Tout était possible. Quand l'un grattait, trois étaient dans le tunnel pour faire passer la terre l'un derrière l'autre jusqu'à l'extraire et l'évacuer dans la cellule de ma mère.

Ma mère engrangeait la terre et priait. Ma mère, durant des heures entières, a travaillé comme une reine fourmi. Elle priait Marie à voix haute. À travers l'ouverture, je pouvais voir la moitié de son visage et lui embrasser les mains. À travers l'ouverture, entre deux paquets de terre, sa voix, la voix de notre mère, tournait court. Elle priait et implorait Marie de sauver ses enfants et les deux fées autour de ses enfants. Chaque minute écoulée nous rapprochait de la fin ou d'un renouveau. D'un renouveau ou de la fin.

Ma mère priait Marie de choisir pour nous, cette fois-ci, la bonne carte.

Une racine de lierre empêchait la sortie à la verticale. Il allait falloir sortir de biais. La nervosité nous retardait. Des jaunes d'œufs pourris gobés avec des cuillerées de café pur pour augmenter l'adrénaline. Une main venait de transpercer la dernière couche de terre. Des doigts ont brassé l'air de la liberté. La racine de lierre s'opposait à l'extraction du corps. Le groupe électrogène tournait encore. Nous étions toujours dans le tunnel à jeter la terre derrière nous. Les cœurs bousculaient des battements anarchiques. Les coups montaient aux tempes et se superposaient. Nous étions vivants tant que nous n'étions pas morts. Nous devions contourner la racine de lierre. Nous avons contourné le lierre. Nous étions prêts. Mon petit frère était désigné pour partir en premier comme éclaireur. Une bouffée d'air, c'était toujours mieux que rien. Il sortit sur le ventre et revint nous décrire la position des gardes et nous confirmer l'étendue du champ. Un chat l'avait fait mourir de peur. « C'est un chat, une sorte de félin domestiqué. En fait, tu verras quand on sera libres, c'est un compagnon agréable et affectueux. Des chats, y en a de toutes sortes et de toutes races. C'est pas méchant, un chat. Tu as dû l'effrayer... »

Nous revînmes dans la cellule pour nous dire adieu. Adieu à maman. Adieu à ceux qui restaient. Adieu entre ceux qui partaient. S'il y avait un blessé ou un mort, il était convenu qu'il serait laissé blessé ou mort. Dernière prière à Marie. L'heure était venue de nous quitter. Peut-être ne nous reverrions-nous jamais. Dernières recommandations. Et là, badaboum ! On ne pouvait partir à cinq. Comment n'y avions-nous pas pensé avant ? Il fallait quelqu'un pour refermer le tunnel. Le plus faible des cinq. Le plus faible était une fille. Anémique, je fus désignée pour rester.

Je restai.

C'était parti. Ils se hissèrent l'un après l'autre et disparurent. Je restai. Je restai à épier le moindre signe. Un garde toussa. Pas de rafales de mitraillette. Une ronde passa. Pas de rafales de mitraillette. Une meute de chiens aboyèrent, comme savent aboyer les chiens de ferme. Le tunnel était maintenu ouvert au cas où l'un des fugitifs se fasse mordre et choisisse de revenir au trou. Pas de retour de fugitif. Une autre ronde passa. Les phares d'une voiture cognèrent dans le mur d'enceinte et disparurent. Les battements aux tempes s'apaisèrent doucement. Cornélius brailla. On referma.

Les passages entre les cellules et le tunnel furent refermés minutieusement. Un sentiment de sérénité s'était emparé de chacun de nous. Aucune dalle ne rechignait à prendre sa place. Aucune ne vibrait. Aucun grain de sable ne traînait. Aucun. Nous n'avions pas dormi et nous n'avions pas sommeil. Nous les attendions. Chaque minute de silence était une minute de gagnée. Le jour se levait sur notre victoire. La sérénité vient d'un sentiment de victoire. De mission accomplie. De vie, triste certes, mais vécue. Vécue pleinement, parce que défendue jusqu'au bout.

Les clés tournèrent dans la serrure. Ma mère était chargée, avant tout, de gagner du temps. Mon petit frère n'étant pas dans la cellule, elle prétexta qu'il s'était enfermé dans les toilettes avec sa diarrhée.

« Vous pouvez entrer.

– Non, ça ira. »

Cellule n° 2. Il manquait deux personnes. Des coussins sous la couverture laissaient penser à des corps endormis. Bizarrement, et pour la première fois, les gardes frappèrent les bords des paillasses avec les crosses de leurs fusils. « Elles dorment. Elles sont malades. » La nervosité des gardes traduisait-elle l'éveil d'un sixième sens ? La question est : est-ce que des gardes lobotomisés et incultes ont un sixième sens ? Je crois que oui. Le malheur s'annonce avant son arrivée.

« Pourquoi sont-elles toutes les trois malades ?

– Les séquelles de la grève de la faim. »

J'étais d'un calme olympien. Où étaient passés mon émotivité et mes tremblements ? Cellule n° 3. Mes sœurs de cœur tardèrent à distribuer la gamelle. On a gagné trois quarts d'heure. Les gardes perdaient patience. Il était bien temps de les laisser ouvrir la cellule n° 4.

Nous les épiions de sous les portes. Panique. Ils coururent dans tous les sens à travers la cour. Ils alertèrent les gardes postés dans les miradors. Ils sortirent et revinrent avec des pioches et des pelles. Les coups de pioche se firent entendre dans la cellule n° 4. Ils creusaient un trou déjà creusé. Puis les voilà qui resurgirent dans la cellule n° 1. La porte des toilettes était ouverte. Mon frère n'était pas sous la paillasse. Ma mère était calme. Cellule n° 2. Les coussins furent retirés des paillasses. Ils pensèrent devenir fous.

« Elles sont où ? Elles étaient là tout à l'heure. »

Ils fouillèrent partout. Ils me menacèrent avec les crosses de leurs fusils. Je restai calme. De sa paillasse, ma sœur épileptique souriait. Cellule n° 3. Elles étaient deux, elles sont encore deux. Cellule n° 4, mon frère n'était pas revenu. Les coups de pioche défonçaient le sol de toutes les cellules. Marie veillait. L'accès au tunnel n'était pas approché. Sans leur chef, les gardes ressemblaient à des corps sans tête. « Le premier qui en laisse filer un est un con de mort. » Mort aux cons. Quatre d'entre nous avaient filé, cela faisait quatre morts promises pour chacun d'eux. Un garde pleurait. Nous étions calmes. Le garde pleurait sa mort et celle, probable, de ses enfants. Nous restions calmes. Nous n'étions pas encore cruels, mais seulement calmes, indifférents aux autres, emplis de notre propre peine et prêts pour l'échafaud. Avec en sus un goût de victoire délicieux au coin des lèvres. Un goût d'au-delà plein les babines.

En milieu de journée, le capitaine arriva enfin. Ses yeux étaient deux petites mares de sang sombre. Il avait entendu le glas sonner. Il constata l'évasion et les dégâts laissés par les coups de pioche. Il était contraint de prévenir ses supérieurs. Les talkies-walkies s'affolèrent. L'alerte était donnée. Nous restions calmes. Ils nous regroupèrent, ma sœur et moi, dans la cellule de ma mère. Les fugitifs avaient pris le large. Nous guettions à tour de rôle les allées et venues. Deux hélicoptères avec mitrailleuses au museau sillonnaient le ciel. L'un deux se posa et redécolla aussitôt. Nous vîmes entrer une délégation de hauts gradés en tenue de parade. Une dizaine d'officiers en uniformes différents avec casquette, épaulettes, fourragère et gants blancs traversèrent l'allée et s'arrêtèrent au beau milieu. Deux ou trois autres en civil laissaient supposer des représentants des polices secrètes. Le capitaine ne comprenait pas par où ils étaient passés ni comment cela avait bien pu se passer. Dix ans de bons et loyaux services lui furent résumés par un violent coup de poing au visage et des insultes. Tous les grades ont besoin de se défouler. Maman reconnut un général de gendarmerie en salopette orange de pilote d'hélicoptère. Il avait travaillé avec mon père. En quinze ans, il avait pris des galons et tous les cheveux blancs. Le palais l'envoyait à visage découvert. Bizarre. Cela voulait dire que, si nous étions rattrapés, nous étions tous morts. Nous le savions déjà, mais là, la preuve était tangible. Les hélicoptères allaient les tirer à vue. À moins, Majesté, que tu persistes dans le choix exquis de la mort naturelle.

Des chiens policiers reniflèrent les cellules et partirent à l'assaut des alentours. Dans les miradors, les gardes furent remplacés par des gendarmes. La clé tourna dans la serrure et les interrogatoires commencèrent. Une table et deux chaises furent installées. Un homme courtois entama des interrogatoires interminables. Ma mère et moi fûmes convoquées tour à tour durant des heures. Lorsque le monsieur s'absentait pour rendre compte ou se soulager, je ramassais tous les mégots de cigarette écrasés à ses pieds. Je les fumais en cachette sous la couverture. Les gardes s'étonnaient de l'odeur de tabac.

« C'est le monsieur, il fume beaucoup, votre chef. »

Les interrogatoires n'aidaient pas à trouver le tunnel.

« Demandez-nous et nous vous dirons où il se situe.

– Non, il ne vous a pas été possible de creuser un tunnel. Nous avons fouillé partout. Vous vous êtes échappés par la porte d'entrée avec la complicité de quelqu'un.

– Bon.

– C'est notre métier de trouver le tunnel si tunnel il y a.

– Bon. »

En fin d'après-midi, nous entendîmes nos deux sœurs de cœur pleurer et crier. Le petit peuple est à portée de la torture physique. Ils s'apprêtaient à cuisiner des femmes sans défense. Révolte, cris et hurlements :

« Le tunnel est dans la cellule n° 2 à l'angle gauche, sous huit dalles, deux mètres cinquante de profondeur et cinq de longueur ! »

Scepticisme.

« On peut vous le montrer. »

Les pleurs et les cris cessèrent. Concertation. Ils s'absentèrent et revinrent une demi-heure plus tard.

Je fus emmenée dans la cellule n° 2. Les pioches avaient laissé des crevasses partout sauf sur le tunnel. Merci Marie. Bravo Marie. Suivie de près par des cameramen et des photographes, chacune de mes paroles, chacun de mes gestes, chacun de mes silences étaient filmés, enregistrés, envoyés à qui de droit. Le roi voulait savoir. Le roi voulait voir pour y croire. Ils me demandaient de procéder en des gestes lents. Ils me demandaient de décrire minutieusement chaque étape avant de passer à l'étape suivante. Ils me demandaient d'être un film muet au ralenti et à l'envers. Je procédai à l'ouverture du tunnel. Le général en salopette orange jouait les gentils. Il semblait avoir atterri dans les entrailles de la Terre. Aussi laissait-il à d'autres le soin de me hurler dessus.

« Alors, c'est où et c'est comment... ? »

Huit dalles, une croix de Marie, une couche de terre de trente centimètres environ, des coussins de différentes tailles sur deux mètres cinquante environ, cinq mètres de tunnel et puis la sortie à la verticale. Un lierre. Du poivre.

« Les outils ?

– Des cuillères.

– Les complicités ?

– Marie.

– Les chiens bredouilles ?

– Le poivre, je l'ai déjà dit. »

Les caméras tournaient, les flashs crépitaient. Ils m'empêchaient de traverser le tunnel de peur que je ne me tire. Un gendarme était préposé à la tâche. Autour de moi, la stupéfaction était palpable. Ils me ramenèrent en cellule.

XXIII

INTERROGATOIRES DE NUIT

La nuit a été longue. Longue et irréelle. Seules ma mère et moi avons été interrogées, l'une après l'autre, et cette fois-ci à l'extérieur. Ils l'ont emmenée en premier. Des heures à attendre son retour en fumant les mégots et les filtres. Allait-elle revenir ? La torturaient-ils ? L'avaient-ils tuée ? Ma mère revint vivante. Vivante et brave. Les yeux bandés, tenue par deux gardes, à tâtons, mon tour arriva. Des heures assise sur une chaise les yeux bandés, entourée de voix multiples et de parfum sucré à faire vomir. Les questions fusaient. Je m'en tenais à notre version : ils étaient partis vers la frontière algérienne.

« Sois raisonnable, ils risquent de mourir. Il y a des loups dans la forêt. Tu ne veux tout de même pas voir tes frères et sœurs mangés par les loups ?

– Ils sont partis vers l'Algérie. »

Le choix de la destination les rendait fous. J'avais vingt-quatre ans dont quinze hors du temps et ils s'acharnaient à me poser des questions sur ce que je pensais de tel ou tel homme politique. Je dérivais. L'agression était immédiate. Quand l'un employait la manière douce, l'autre vociférait, le troisième menaçait, le quatrième reposait la question du premier, le verre d'eau était refusé, des gardes tout proches pleuraient et suppliaient sous les coups incessants, un poing frappait sur la table, les insultes fusaient, la fatigue me gagnait, l'aboiement des chiens, Cornélius, les phares de la voiture étaient les preuves de ma sincérité.

« Tu te prends pour Galilée.

– C'est qui Galilée ?

– Tu me prends pour un âne.

– C'est Cornélius, je vous dis. Il va brailler à quatre heures pile, vous verrez. »

Silence religieux. Je les entendais observer leurs montres. Cornélius fut au rendez-vous.

« Il est quelle heure ?

– Quatre heures pile. »

Retour en cellule.

Se faire distancer par un âne était pour le moins humiliant. Au tour de ma mère. Nous nous croisâmes.

« Ça va ?

– Ça va, ils ne les ont pas encore retrouvés.

– Trop bon.

– Tu as besoin de quoi ?

– De cigarettes, maman. »

À l'aube, ma mère revint à tâtons avec une cartouche de Kool dérobée. Trop bon.

Petite somnolence, puis ils nous emmenèrent toutes les cinq vers un nouvel abri.

XXIV

LENDEMAIN D'ÉVASION

Ce regard reste. Le regard du capitaine bourreau menotté, entouré de deux gendarmes, me croisa. Menottée entre deux gendarmes, je croisai son regard. Entre lui et moi, ce regard furtif, volé au destin, avant de monter dans les véhicules. Destination potence. Ce matin-là, je n'avais plus peur. Ce regard partagé en une fraction de seconde est indélébile, pointu. Précieux. Reflet. Rien ne nous marque plus que notre reflet dans un regard ennemi. Inoubliable, mon reflet immonde tout en lumière dans la pupille de ces yeux détestables.

Mon reflet, flottant dans ces yeux rouges submergés, noyés, vidés par la peur et la défaite, reste.

Debout sur ses deux jambes, j'ai vu un homme mort me demander pardon sans mot dire. J'ai vu un roi se cacher derrière un exécutant sans défense, sans matière. J'ai vu un homme vivant implorer la mort immédiate. Pire que tout, la mort promise, n'étant pas assez proche, me le rendait humain. Les séances de torture l'éloignaient encore de la fin. J'ai vu une petite fille devenir une femme sans repartie, sans pitié. Sans distinction aucune. Une fraction de seconde a suffi pour m'offrir une revanche. La torture et la mort m'étaient promises mais cette fois-ci sans la peur, les tremblements et la honte, avec pour pansement les larmes de mon bourreau avant les miennes. Je sais, c'est petit. Je sais, à force de vouloir vivre à tout prix, on devient minable. À chacun le prix de son impuissance, à chacun le prix de sa puissance. À chacun sa merde. Réussir sa vie, c'est ne plus avoir peur de mourir. Je venais de réussir ma vie, si petit qu'en soit l'échelon.

Cela peut paraître une rhétorique rapide.

Ils nous ont contraints à porter des djellabas de gardiens. Les mêmes djellabas pour tous nous rendaient plus discrets à « transporter ». La discrétion s'imposait pour les méfaits qu'il restait à accomplir. Les véhicules étaient flambant neufs. Un par véhicule. Sur la banquette arrière, je pris place entre deux gendarmes. Pour ma mère et les trois autres, les mêmes soins étaient pris. Sitôt le convoi en chemin, les deux gendarmes me mirent un bandeau sur les yeux et m'enfermèrent le visage dans le capuchon de la djellaba. Très vite, je manquai d'air. Je m'en plaignis, sans succès. J'expliquai mon anémie, en vain. Je transpirais pour rien. Après deux heures de bitume, arrivée quelque part. Je supposais l'arrivée à bon port, à l'heure et à l'abri. Des djellabas avec des êtres dedans sont alignées face contre le mur. Face contre le mur ! Je devinais ma famille et nos gardiens confondus dans le lot. Du moins, je l'espérais. Je chuchotai :

« Maman.

– Je suis là, ma fille. »

Un coup derrière le crâne m'ordonna de me taire. Maman s'insurgea. Un coup sur le crâne de ma mère nous fit taire. J'étais par terre. Ma mère me ranimait et réclamait un bout de sucre. Du sucre, et l'évanouissement se dissipa. J'ouvris les yeux dans un commissariat. Un matelas en mousse dans un couloir pour nous tapir. Nous nous mîmes d'instinct à cinq, les unes contre les autres. Un bonhomme à la voix suraiguë s'égosillait à ordonner : « *Banda, banda* ! » Traduisez : « Gardez le bandeau sur les yeux ! » Depuis mon évanouissement, j'en étais exemptée, du *banda* sur les yeux. Je décrivis aux autres les lieux et les allées et venues. Des hommes en jean et tee-shirt transportaient de longs tuyaux de canalisation. D'autres, des trépieds. Deux autres les suivaient avec des fils de fer de couleur tressés, genre scoubidous. Un souvenir de fillette surgit. Les concours des plus beaux scoubidous multicolores. Dans les années soixante-dix. Les années *free and happy. Tu vas finir par me faire de la peine.* Ils parlaient fort. Ils riaient. Ils s'encourageaient. Les premiers gémissements se firent entendre. Les premiers cris. Les premiers hurlements. Les portes étaient maintenues ouvertes. Nous entendions les coups, les silences, les injonctions, les gros mots, les rires, les hurlements, la souffrance, la torture, les éclats de rire, l'écho souhaité, le parfum de la chair brûlée, la résistance, les volts dans les testicules, les mecs couverts de poils de partout appelant leur mère à la rescousse. Nous entendions l'animal supplier dieu, supplier sa bonne mère et tous les dieux. Les larmes montaient. Les larmes ne devaient pas paraître. Putain, ça fait chialer, un mec qui chiale. Faut pas pleurer. Notre tour allait arriver. Il fallait se préparer à la torture physique. Fallait s'imaginer suspendu à une broche. La liberté et la vie valaient bien un tour de rôtissoire. S'il fallait en passer par là, nous en passerions par là. Surtout, ne rien avouer. On tient le bon bout. Ce sera facile, nous n'avons rien à avouer. Grillées à petit feu, on n'avouerait pas notre innocence. Même flambées au scoubidou, on ne dirait pas notre culpabilité d'être vivantes. Surtout, ne pas avouer le plan des ambassades. Promis. Promis. La bonne nouvelle, ou, si l'on préfère, le bon côté des choses, était enfin l'acceptation de la mort. Mourir vraiment et pour de bon.

Sinon, petite question entre nous, à quoi bon la torture avant la mort ?

Tu le comprendras par toi-même.

Des bonshommes en costard arrivèrent vers nous.

« Ne tremblez pas, nous ne vous ferons aucun mal, dirent-ils.

– Mais, nous ne tremblons pas.

– Si, vous tremblez. »

Le bandeau est retiré.

« Regardez-vous, vous tremblez de partout. Comment imaginer qu'on puisse vous torturer ? Vous êtes issus d'une grande famille. »

J'avais oublié.

Nous sommes conduites dans un bureau, une par une, pour d'autres interrogatoires. Thé à la menthe et gâteaux du bled. L'un des hommes avait interrogé ma mère après la mort de mon père pour s'assurer du nombre exact de balles cachées dans son cadavre et du poids précis de chaque petite cuillère en argent. Le monde est petit. Trop petit, le monde. Le ton était respectueux, incisif, tortueux et courtois, menaçant et diplomate. Le prétendu ralliement aux Algériens les désespérait. Il me fut demandé de corriger les plans de la prison sur des documents destinés au roi. Le roi souhaitait un compte rendu détaillé des derniers événements. Des têtes allaient tomber.

Le soir venu, la grande famille fut enfermée dans une pièce. Les deux sœurs de galère dans une autre. Elles n'étaient toujours pas du même rang. Le repas était une bouillie gluante sans sel. Pas de cuillère. Là plus qu'ailleurs, il fallait parler avant de crever. Des soins nous furent prodigués. Un demi-somnifère accordé. Toutes les heures, un garde entrait dans la pièce, relevait la couverture, tâtait le pouls de chacune de nous et s'en allait rendre compte. Interdit, interdiction formelle de mourir. Le lendemain, les interrogatoires reprirent. *Banda, banda !* Le bandeau sur les yeux était imposé dans les couloirs, sur les trajets menant à la douche ou à la salle d'interrogatoire. En fait, il s'agissait d'un commissariat politique. De répression politique. Un commissariat secret en pleine ville avec une bonne odeur de Grésil.

Trois jours.

Nous les avions distancés de trois jours.

En trois jours, les fugitifs nous manquaient. Nous étions fières d'eux mais ils nous manquaient physiquement. Impossible d'obtenir la moindre information à leur sujet. Si nous étions encore vivantes, c'est seulement parce qu'ils n'avaient pas été pris. Pas encore. Seule déduction possible. Plausible.

Ils nous manquaient tellement qu'on était prêtes à regretter l'évasion.

Au quatrième jour, la porte s'ouvrit et quatre personnes rayonnantes firent leur apparition. Elles nous sautèrent dans les bras sans qu'on ait pu les identifier. Habillés, maquillés, rasés, parfumés, radieux, quatre étrangers nous couvraient de baisers. On avait réussi. On avait réussi à alerter Médi 1, RFI, Alain de Chalvron, Mitterrand, et un des plus grands avocats de France. On a réussi. On a réussi. Larmes. On a réussi. Ouf ! Larmes et rires.

Nous étions enfermés dans un commissariat politique et nous riions et nous pleurions de joie. Ouf, c'était fini. On avait réussi, le cauchemar était derrière nous.

Ha, ha, ha.

XXV

MARRAKECH

Après deux mois passés dans le commissariat politique, ils sont revenus nous chercher pour nous emmener dans un autre abri.

Cette fois-ci, ils nous installèrent dans une villa aux environs d'une grande ville du Sud. Nourriture à profusion, médecins, dentiste, télévision, radio, ondes courtes et longues, magazines, livres, vêtements, crème de beauté, ballon de football en cuir, avocats français, deux grands avocats français. Enfermés.

Nous restions enfermés.

Les fugitifs avaient, comme convenu, tenté de pénétrer dans les ambassades un lundi, un mauvais lundi, un lundi de Pâques. Les portes des ambassades française et américaine étaient fermées en ce jour férié. La farce ! Restait l'ambassade de Suède. De permanence, une Suédoise au guichet derrière une vitre blindée a répondu à la demande d'asile politique : « Partez ou j'appelle la police ! » Ils ont détalé. Après maintes péripéties, ils ont réussi à retrouver d'anciens amis, auxquels ils se sont bien gardés d'avouer leur fuite. L'état de leurs vêtements, de leurs chaussons, de leur visage défait leur a permis de faire croire à une libération surprise. « Lâchés dans la rue, ils nous ont relâchés dans la rue sans rien dire. » Suspicion à tous les étages. Il y avait trop de danger à demander de l'aide. Il y avait trop de danger à accorder son aide. La Terre a non seulement continué de tourner mais notre disparition était bel et bien admise. Les gens qu'ils sollicitaient semblaient désemparés, désorientés par leur réapparition. Les morts ne reviennent pas. Ils soutirèrent quelques billets, direction la capitale. Toutes les polices du pays étaient à leurs trousses. Aussi allaient-ils éviter de rendre visite à notre famille. Les parents d'anciens copains de lycée les hébergèrent, mais posaient trop de questions embarrassantes. Mon oncle était prévenu. L'heure était venue de dire la vérité. Pas lâchés dans la rue. Évadés à la force du poignet. Courte visite de mon oncle. Il fallait partir au plus vite. Lavés, habillés, nourris, un peu d'argent dans les poches, mes frères et sœurs prirent le train pour le nord, à l'opposé de la frontière algérienne.

Cette même nuit, mon oncle fut arrêté et torturé aux scoubidous pour qu'il dénonce ses neveux.

Il n'a rien dit.

C'est dans le Nord qu'ils réussirent à joindre par téléphone RFI et le journaliste Alain de Chalvron. Alain leur a permis de lancer sur les ondes un appel au roi pour le convaincre de desserrer les mâchoires.

Alerté, le gouvernement français a dépêché dans la nuit un agent de la DST afin qu'il s'assure qu'il ne s'agissait pas là d'un canular. Pas de canular : c'étaient bien les enfants de leur père. Dans le jardin d'un hôtel où mes frères et sœurs avaient trouvé refuge, l'agent français a pris des photos de chacun d'eux et de leur corps couvert de contusions et d'ecchymoses. Les coïncidences s'accumulaient. Le lendemain, le président Mitterrand était en voyage officiel dans le pays. La DST française viendrait récupérer les fugitifs à dix heures du matin pour les mener au consulat et obtenir un sauf-conduit. La promesse était faite. L'innocence étant indiscutable, le cas humanitaire probant, l'exécution sommaire devint impossible au grand jour.

La France s'engageait à nous mettre à l'abri en République. La France s'engageait à défendre les droits de l'homme, de l'animal et de l'enfant. La France restait fidèle à sa réputation de terre d'asile.

Trop de hasards et trop de coïncidences.

Le lendemain à dix heures pile, en lieu et place de l'engagement de la République, la DST du bled est venue les cueillir dans des paniers à salade, menottes aux poignets, direction un commissariat.

De la fenêtre du bureau d'interrogatoire, ils voyaient Marie en plâtre sur la façade d'une église. Marie veillait. Tout n'était donc pas perdu. Les journalistes français étaient informés. Deux pontes du droit français acceptaient d'être nos avocats. François Mitterrand allait intercéder en notre faveur auprès du roi entre une pastilla et quatre cornes de gazelle.

La liberté était à portée de main.

Dans cette villa, nos avocats ont eu le droit de nous rendre visite à plusieurs reprises, entourés d'une dizaine de hauts fonctionnaires, et parmi eux le chef de la DST, le gouverneur de la ville et le porte-parole du palais. Au préalable, maîtres Kiejman et Dartevelle avaient été reçus par le roi. Notre libération était imminente. Il restait seulement à se mettre d'accord sur les dernières modalités afin de ménager toutes les susceptibilités. Nous attendions patiemment dans l'antichambre de la délivrance en acceptant toutes les versions données à ce temps perdu : il fallait être présentables le jour de notre libération. Il fallait requinquer la bête pour dissimuler l'ampleur de la sauvagerie. Il fallait calmer la bête pour atténuer le péché d'orgueil de l'innocence. Il fallait éprouver la bête pour lui rappeler qui est le roi de la forêt. Nous étions entre de bonnes mains, pourtant. La presse étrangère jouait son rôle. Le bagne de Tazmamaght fut découvert. Danielle

Mitterrand dénonça. En sa qualité de présidente du Parlement européen, Mme Simone Veil, appuyée par le professeur Léon Schwartzenberg, posa son veto sur une aide financière promise au développement de ce pays qui mettait des enfants en prison.

Nos avocats se démenaient et venaient nous rendre compte de la stagnation de la situation. Les mois passaient, puis les années. Trois ans ont passé. Nos avocats s'inquiétaient et nous le faisaient savoir. La déferlante des médias ne faisait pas plier le roi. N'est pas roi qui veut.

Dans la villa, on vint nous installer la climatisation dans chaque pièce. La perpétuité s'esquissait doucement. La cage dorée amplifiait le sentiment de claustrophobie. Avoir accès à l'information, aux divertissements, aux bons traitements nous rendait témoins passifs de ce monde. Le monde entier visible derrière une vitre compromet la condition d'humain pensant. L'autorisation de la visite de nos parents, côté maternel, fut une avancée réelle. Nous retrouvions notre grand-père. Nous retrouvions un vieillard. Mes oncle, cousins et tantes, avec dix-huit ans de plus... Nous retrouvions une famille qui nous était étrangère. Nous apprenions la disparition de ma grand-mère, d'amis, de connaissances. Nous étions informés en rafale du cours de la vie. Nous apprenions les dégâts faits par la vie hors nous. Des rumeurs alimentées par le pouvoir leur avaient laissé croire à la mort de trois d'entre nous. Des personnes, dont des infirmiers et des gardes en permission, avaient affirmé avoir vu de leurs propres yeux les cadavres de ma mère, de ma sœur et de mon frère à la morgue de l'hôpital Avicenne. J'entendis mon grand-père annoncer à ma mère d'une voix tranquille qu'il était veuf et remarié, qu'elle avait un frère de trois ans et qu'il l'avait déshéritée puisqu'elle était morte. Je ne le lui ai jamais pardonné. J'apprenais la vie. Cette famille d'apparence étrangère avait pourtant subi toutes les représailles possibles et insidieuses : l'interdiction de quitter le territoire, le bannissement sournois. Ils avaient vécu dix-huit ans durant libres et proscrits. Le nom du père était officiellement maudit, celui de la mère à maudire au quotidien.

Nos avocats ont eu l'autorisation de revenir nous annoncer l'impasse dans laquelle on se trouvait. Le roi préférait nous exiler loin de France et proposait Israël. Le frère de lait de mon père était juif. Mais, venant du roi, le choix d'Israël sentait le piège malsain. Nos avocats préconisaient le Canada francophone. Ils peinaient à nous défendre. La négociation était rude, le ton montait. Les avocats français jouaient notre va-tout. Le boa constrictor resserrait sa prise. Le désespoir prit un nouveau visage.

Je profitai d'un moment de confusion lors d'un au revoir à nos avocats pour demander à maître Kiejman si mon suicide forcerait la main du roi.

Je me souviens encore du regard de cet homme impressionnant, de la pression tendre de sa main sur mon épaule fragile, de sa promesse : « Votre mort ne forcera pas la main du souverain. En revanche, je vous le jure sur mon honneur, vous verrez bientôt votre famille libre, et cela de votre vivant. »

XXVI

LIGNE DE FUITE

Des mois de silence se sont écoulés, longs et vides. Vides et coupants. Ni libres ni libérés. Ni en prison ni purement emprisonnés. Ni vivants ni survivants. Juste entre les deux.

Des mois en trop, et pour qui ?

Bientôt dix-neuf années de quarantaine.

Absurdes.

De part et d'autre, de rive en rive, de continent en continent, l'absurde en toute simplicité s'inscrivait. L'absurde de ton plaisir hissé à la compréhension de tous m'annihilait. Je déraillais. Je zigzaguais. Ton verglas à tous les étages me striait le cul et le peu de neurones qu'il me restait s'éteignait.

T'es trop fort. Beaucoup trop fort pour moi.

J'étais occupée à chanter et à peindre dans ma chambre quand ma mère me fit chercher. Toute la famille était autour d'elle sur son lit. Maman me demanda de confirmer la version révélée dans un livre publié en France et interdit au bled. Elle me demanda s'il était vrai que j'avais proposé à mon avocat de me suicider pour sauver ma famille.

Une de mes tantes avait pu se procurer et lire *Notre ami le roi* de Gilles Perrault*.

J'étais littéralement cueillie. Je confirmai donc avoir fait cette proposition et retournai dans ma chambre.

Je me sentis trahie par cette publication. Le secret partagé avec mon avocat avait été levé au profit de l'intérêt général. Et l'intérêt général, dans ce cas précis, était de dénoncer les dérives du pouvoir jusqu'à le faire plier. De ce fait, le secret trahi était excusable. Sauf qu'il m'imposait de passer à l'action. Ma proposition de me sacrifier pour les miens, une fois révélée, devait être à la hauteur de ma sincérité.

Je devais me suicider.

Je vais me suicider, Georges.

Je venais à peine d'entrouvrir les yeux mi-clos sur ce monde mi-clos. Je devais accomplir un destin. Le mien.

Je décidai de la date, le 3 mars. Le jour de la fête du Trône me semblait idéal pour marquer les esprits. Gâcher un tant soit peu ta fête, ce n'était pas vraiment mourir pour rien. J'avais encore la naïveté de croire ma mort capable de troubler ta fête. Sans doute allais-tu sabler le champagne... Et

* Paris, Gallimard, 1990.

tu aurais bien raison, je mérite au moins le champagne.

La date définie, ma famille m'encombrait. Leur faire du tort, si tant est que ma mort fasse du tort à quelqu'un, m'obligeait à prendre des distances. Je choisis de partir à reculons de mon vivant. Les voir le moins possible, les croiser de loin, les impliquer le moins possible, c'était aussi me donner le temps et la force d'accepter. Je pris le temps de les « déshabituer » de moi. Je pris le temps de me détacher de la vie doucement, à mon rythme.

Enfermée dans ma chambre, le dessin et la musique m'apportaient du réconfort. Je dessinais des portraits de Patricia Kaas d'après des posters ou des pochettes de disques. Je demandai et obtins de la peinture à l'huile et des pinceaux. Je m'exerçais toute la journée aux nouvelles matières en écoutant en boucle le même album. Le soir venu, je lui écrivais. J'écrivais un journal à P. K., devenue un exutoire. J'écrivais, à une fille de dix-neuf ans que je ne connaissais pas, mes derniers jours. Parce qu'elle m'apportait une lueur, je la choisissais comme ligne de fuite. Et, comme elle n'en savait rien, je l'aimais de mon cœur tendre d'adolescente attardée et suicidaire. Je lui souhaitais le meilleur que je n'avais pas eu. Je lui souhaitais d'accomplir son rêve. Je lui confiais mon départ à reculons en notant chaque jour, chaque heure, chaque seconde du compte à rebours.

Au fur et à mesure, le nombre de mes jours s'amenuisait et mes « Je t'aime » débordaient. Débordaient.

Mon acharnement à progresser en matière de peinture donnait de bons résultats. En quelques semaines, Patricia Kaas passait du gnome blond à l'hyperréalisme. Elle était de plus en plus vivante, étalée sur les murs de ma chambre.

J'appris en différé le décès de sa mère. J'ai porté son deuil en noir avec des bougies allumées jour et nuit. J'ai pleuré la perte qui était la sienne dix jours durant. J'ai pleuré ce bonheur fragile, trop fragile, ce malheur qui décidément n'épargne personne. Autour, ma famille s'inquiétait. Cette adoration ne les amusait plus. Cette musique incessante, ces dix titres en boucle leur mettaient les nerfs en pelote.

Patricia Kaas était désormais détestée parce qu'elle me faisait pleurer tout le temps.

J'avais de la fièvre. La télévision locale venait d'annoncer le tour de chant de Patricia Kaas au bled. Je devais absolument voir son concert avant de partir. Ma mère demanda aux autorités la permission de me laisser assister au spectacle sous une fausse identité, entourée de gardes, puisqu'il en fallait encore. Le refus fut souligné d'un sourire niais. Ils ne pouvaient pas comprendre. La fièvre monta à quarante. Le concert a eu lieu sans moi. Mes tantes avaient pour mission de trouver l'hôtel où logeait la chanteuse et de lui remettre mon journal sans le lire. La mission accomplie, l'artiste les prit en sympathie et les invita pour sa tournée. Elle ne connaissait pas encore mon identité. Mes tantes revinrent avec une lettre dans laquelle elle m'assurait de sa sympathie. Elle n'avait pas encore lu le journal.

J'ai attendu longtemps une réponse qui n'est jamais venue.

Dix ans plus tard, alors qu'elle me signait un autographe à l'Olympia à Paris, je l'ai remerciée de son soutien. Elle a blêmi. Les détraqués, les fanatiques, elle en a suffisamment souffert.

Elle a demandé à un de ses musiciens de me mettre dehors.

Cinq ans après mon éviction de l'Olympia, Karim m'a invitée à son concert au bled. Il m'a payé le billet, l'hôtel et le passe show. Après le couscous, elle a souri.

La boucle était bouclée.

XXVII

LA FILLE DE MON PÈRE

Le livre de Gilles Perrault fut un best-seller en France. Le ministère de l'Intérieur du roi a quasiment acheté la première parution. Une réimpression s'est imposée. Le succès devint immense. Perrault avait pris la précaution d'utiliser le conditionnel pour informer le public du fait que je suis – plus justement que je serais – la fille du roi.

Je serais, selon Perrault, la fille illégitime du roi.

Tu te rends compte de l'affront qu'il me fait ?

Tu as peut-être raison de faire racheter ce livre en vrac. L'affront est trop grand pour nous deux. Ta fille, et puis quoi encore ! Je serais issue de toi, un bout de toi. Une goutte tombée de ta bite hystérique. On en apprend tous les jours. Non, je ne t'aime pas, et c'est viscéral. De ce fait, tu ne peux être mon père. Non. Je demande à ma mère si par hasard ça pouvait être vrai. « Non, a-t-elle répondu tendrement, tu es la fille de ton père. »

Je la crois.

Je reste la fille de mon père.

Mon père est celui pour lequel je me suis battue. Mon père est celui que je défends depuis qu'il n'y a plus personne pour le défendre. Ses faits de guerre, ses erreurs probables, sa mort, l'histoire ne les a pas encore écrits dans le bon ordre. Mon père n'a pas vécu suffisamment pour augmenter ses exploits, ses erreurs, ou les réparer. Mon père n'est pas coupable des crimes que tu as commis après lui, comme tu arrives à en persuader deux générations. Mon père ne s'en est jamais pris à des enfants. Mon père, je l'aime, et je l'aurais aimé même s'il avait été vendeur de pommes de terre.

Tu m'entends, je l'aime, mon père !

Tous les 16 août, une bougie brille en son souvenir où que je sois dans le monde. Jean-Claude et Maïté ont mis dans leur jardin un cénotaphe en sa mémoire. Où que je sois, une lumière brûle pour toi, mon papa à la con que j'aime tant et tellement.

Un jour, au cours d'un dîner à Marseille, quelqu'un m'a appelée Altesse... Il y avait beaucoup trop d'arêtes dans la bouillabaisse.

XXVIII

CANADA

Un gros camion de radiologie était entré non sans difficulté dans la cour. Il fallait que nous passions des radios des poumons. Le Canada imposait des conditions sanitaires strictes. Des dizaines de milliers de francs avaient été versés sur un compte en banque à Montréal. Des policiers sont venus prendre nos empreintes digitales et des photos afin de nous attribuer une carte d'identité et un passeport. Des magasins avaient été dévalisés pour nous permettre de nous habiller chaudement. L'exil au Canada avait enfin été accepté par le roi. Nos avocats étaient ravis. Nous étions comblés. Notre rêve se réalisait. Le Canada, les castors et les étendues à perte de vue, la liberté enfin et l'espace pour la vivre. Selon nos défenseurs, les Canadiens s'apprêtaient à nous accueillir avec compassion. Une délégation nous attendrait au bas de la passerelle. Le lendemain, maître Kiejman s'en irait à Montréal. Les radios françaises et canadiennes annonçaient notre exil. Les dernières modalités étaient réglées, l'heure du décollage fixée le lendemain, mardi, à onze heures.

La nuit avait été courte et merveilleuse.

À six heures du matin, une audience royale fut improvisée.

On ne put partir puisque le roi voulait nous recevoir. Certains membres de ma famille, toujours les mêmes, entrevoyaient dans cette invitation l'opportunité de tourner la page définitivement. Trois personnes raisonnaient et imposaient leur point de vue à toutes les autres, lesquelles ne comprenaient rien aux méandres de la politique et du pouvoir. Et s'en fichaient pas mal.

Restait l'audience promise et qui dit audience dit protocole.

Quel était le protocole prévu ?

Suivre les injonctions du chambellan, s'arrêter à trois mètres du roi et, quand nous y serions invités, baiser la main du roi père et dieu. Cela n'a pas l'air compliqué, sauf que je n'embrasserai jamais la main de celui qui a suicidé mon père de cinq balles dans le dos. Tollés : « Tu as vingt-huit ans. Ne fais pas l'adolescente et encore moins ta révoltée de service. On est neuf dans la galère, alors... »

Alors je resterais en retrait, je n'embrasserais pas la main de ce mec.

Ce n'est pas un mec, c'est un roi.

D'accord, c'est un mec qui est roi.

Il est donné aux révoltés et aux adolescents de se vider de leur sang avant même la bataille.

L'audience n'était qu'un subterfuge et n'eut jamais lieu.

La mascarade de l'exil au Canada était un moyen de duper l'opinion publique. L'annonce faite dans les médias, le démenti ne pesait plus très lourd. Pour la majorité des gens, nous étions au Canada et notre calvaire était bel et bien fini. Pour l'autre partie de l'opinion publique, nous avions réintégré le giron de la famille royale. Comblés.

Maître Kiejman, dont l'intelligence est légendaire, s'était aussi laissé berner. Il a fait entendre sa colère et son indignation. Il lui fut désormais interdit de nous rendre visite.

Case départ.

Nous étions enfermés, isolés, seuls.

La date de ma mort prochaine se rapprochait et je l'entrevoyais désormais comme une délivrance. Il restait dix jours exactement. Je continuais d'écrire à Patricia Kaas en décomptant les fractions de seconde. Je volais toujours, discrètement, les somnifères de ma sœur. Chaque jour était long et furtif à la fois. Une semaine passa et ils vinrent en délégation nous annoncer notre libération pour les jours suivants.

« Dans un ou deux jours, dirent-ils, vous serez libres. »

Je ris parce qu'ils me font rire. Comment les croire ? Je le dis tout haut :

« Ce n'est pas vrai. Vous mentez, comme pour le Canada, comme pour l'audience, comme aujourd'hui, comme depuis toujours. »

Ils insistèrent :

« Vous avez bénéficié d'une grâce royale. Vous allez être libérés dans deux jours si vous acceptez d'écrire une lettre au roi, dans laquelle vous vous engagez à ne pas dénoncer votre calvaire. »

Nous nous consultâmes en langage de castors pour qu'ils ne nous comprennent pas. En fait, nous n'avions pas le choix. Et nous n'en étions plus à une lettre près. La lettre était rédigée, dictée, élancée de belles et amples majuscules. La libération était promise pour le 26 février, veille du vingt-deuxième anniversaire de mon petit frère, afin de lui permettre de le célébrer à l'air libre.

Belle attention.

Incrédule, j'ai préféré rejoindre ma chambre.

Alors que tous les miens célébraient la liberté prochaine, je devais rester concentrée sur ma mort, sur les moyens de ne pas me louper cette fois-là.

Venir nous libérer trois jours avant mon passage à l'acte ressemblait à un roman d'aventure de mauvais goût.

Le ciel de Bagdad crépitait.

Venir nous libérer en pleine guerre du Golfe était vraiment de très mauvais goût.

Elle s'éloignait doucement, l'idée surfaite de la liberté.

XXIX

LE RETOUR AUX SOURCES

Ils n'ont pas menti cette fois-ci. Nous avons été libérés.

Nous avons été « graciés » le 26 février 1991, après dix-neuf ans, deux mois et trois jours.

Sept mille cinq cents jours tout rond.

Ils nous ont laissés dans la maison de mon oncle, celui qui ne nous avait pas dénoncés. Ils mirent des gardes à notre disposition, comme si leur présence nous manquait déjà. Lorsque les radios et les télévisions étrangères sont venues frapper à notre porte, ils ont multiplié les promesses de recouvrement de nos biens, de restitution de notre statut de grande famille, et nous ont rappelé notre retour inespéré, miraculeux, dans la famille royale.

Le roi s'apprêtait à nous combler, à tout effacer, à nous faire vivre mieux qu'avant.

Le roi, selon leurs dires, avait pardonné.

Mais qui devait pardonner ?

Le chantage dévoilé était déprimant.

Les aînés et ma mère pensaient la liberté étroite sans moyens financiers. Ma sœur de quatorze mois mon aînée et moi préférions les micros et les caméras. La confiance n'existait plus. Bien sûr, nous ne fûmes pas entendues et le désintérêt des médias nous coûterait très cher. Nous allions passer quatre ans et demi de plus dans une prison à ciel ouvert, à la dimension d'un pays tout entier.

Malgré tout, les premiers pas dans la rue furent surprenants. L'impression de marcher sur un tapis roulant en marche arrière faisait trébucher. Le bitume semblait glisser sous les pieds et allonger les pas. La ligne droite était trop droite, trop longue. L'horizon démesuré. Lilliputienne livrée au beau soleil de février, je gobais le ciel pour moi seule. Tout était découverte, tout à découvrir. Le monde entier, la Terre entière étaient libres de me découvrir, de me reconnaître, de me tendre les bras et de me demander pardon. J'étais de retour. J'étais de retour vivante, vivante et souriante. J'ai jeté les somnifères dans le caniveau. Je dormais la porte ouverte, un couteau sous l'oreiller. Mes clés, séparées dans des anneaux en plastique, ne grinçaient plus. La liberté est physique. La liberté est un sentiment. La liberté est un merveilleux sentiment. La liberté n'est pas esprit mais corps. Sur la peau, le vent, le soleil, la pluie, les couleurs plein les yeux caressent la mémoire dans le sens du poil. Les mains dans les poches, la musique dans les oreilles avec plus aucune vie derrière, avec toute la vie dedans, avec toute la vie devant. Autiste à tout, à tout le reste, je cherchais sans supplier personne des bras pour enfouir, cacher ma tête malade, les yeux dévoués au ciel immense.

Des gens sont venus nous voir. Des gens ont bravé les gardes pour venir observer les animaux de foire. Ces gens s'étonnaient de nous voir parler, manger et nous tenir correctement. Certains s'en étonnaient tellement qu'ils doutaient de la véracité de notre histoire. D'autres s'étonnaient que nous ne soyons pas au Canada. D'autres étaient déçus des prestations du zoo.

Et les plus nombreux ne sont pas revenus.

La grande maison de mon enfance avait été pillée puis rasée. La faute en était attribuée aux rats qui auraient tout dévasté. Rasée, pillée, ma maison, jusqu'au plus humble souvenir. La grande maison où je faisais un feu de bois avec de beaux cigares est un terrain vague. Les rats ont tout bouffé, le tipi et les photos de famille. Je les en sais capables. Les fourmis sont passées au travers des accusations et tant mieux. L'administration refusait de nous délivrer l'acte de décès de mon père. Aucun fonctionnaire ne trouvait la force d'apposer sa signature sur l'acte de décès d'un homme qui continuait de hanter, vingt ans après sa mort, le royaume. Tant pis, c'était pour récupérer les petites cuillères, mais, comme les petites cuillères en argent ont été bouffées par les rats, pas la peine d'en faire un plat. Pas d'obtention de passeport, pas le droit de travailler non plus. Les amis nouveaux, au gré du hasard, étaient intimidés par la DST au milieu de la nuit et leur famille menacée. Mon cousin, mon cousin d'amour mourut d'un accident de voiture à vingt et un ans au centre-ville. La réalité me rattrapait. Les deux chevilles prises au lasso, petit Papou suspendu au-dessus de la très grande forêt découvrant le chemin des cimetières. Il reste impardonnable de mourir à vingt ans. J'appris la disparition de Marc. Mon beau Marc, pourquoi toi aussi ? Halima, une de mes deux sœurs de cœur, se fit diagnostiquer un cancer des intestins. Elle en succomba deux ans après. La mer vaste me reconnut. Les fleurs et les arbres dont je n'avais plus le souvenir m'indifféraient. La bière atténuait mes couchers de soleil inéluctables. J'avais vingt-neuf ans et goûtai à mon premier flirt. Sur un banc, dans un haras, les caresses d'un homme m'apportèrent des frissons nouveaux. Ma bouche frôlait des lèvres suaves qui piquaient tout autour. Une langue s'immisçait dans ma bouche. Un crachat sur le gazon rejeta l'intrusion. Un fou rire fut le bienvenu. Ce premier *french kiss* me fit mieux comprendre notre surnom de grenouille. Puis, la première nuit d'amour, ennuyeuse comme trois jours de prison. Puis, une relation avec autrui, un autre que soi, qui dura six mois. « C'est parce que je suis le premier », ne cessait-il de me dire, une serviette éponge autour de la taille. Le besoin de sensations physiques intenses comparables à la faim, à la terreur, au froid ou au soleil brûlant, à la mort à vingt ans, ne m'autorisait plus à compter les mouches. J'ai quitté mon premier homme. Ces va-et-vient en moi et sur moi, sans que cela me fasse de bien ni de mal, m'ont fait décrocher avec élégance. Désolée, il me faut de la vie. Il me faut l'intensité de vivre. Il me faut des sensations fortes. Il me faut les extrêmes pour me reconnaître en vie.

Cet été-là, j'ai rencontré ma première véritable amie, Jamy. Mon petit cœur a battu très fort, si fort. Elle était belle et elle m'aimait, Jamy. Elle m'aimait en toute amitié. Depuis Patricia Kaas, j'avais appris à me méfier des chemins pris par ce petit cœur frivole et fou qui bat de partout et n'importe comment. Jamy m'aimait et, en plus d'être belle, elle avait une histoire. Son grand-père le pacha El Glaoui avait tout plein de palais, aujourd'hui en ruines, dont l'un où nous avions été enfermés. Jamy m'invita à passer un mois de vacances au bord de la mer avec elle et sa famille. Jamy me dit que je n'oublierais jamais mon passé, jamais, jamais rien. Jamy me dit aussi que je devrais faire avec. Je n'oublierais en effet jamais, mais je ferais avec... si je le voulais.

Elle avait de magnifiques yeux verts.

« Tu n'oublieras jamais », me répétait-elle sans ciller.

Tout dépendrait de moi. Pour une fois. Pour la première fois, j'étais, selon Jamy, décisionnaire de ce que je ferais de ma vie, de mon passé, et leur somme me donnerait un avenir. Choisi.

De moi seule dépendait donc la forme de ma métamorphose.

Merci, Jamy, mais j'allais tout faire pour tout oublier. En plus, je n'avais pas l'habitude de décider. J'allais tenter d'oublier parce qu'il me fallait oublier pour avancer. Il me fallait tout oublier pour devenir. Il me fallait tout oublier pour ne pas tirer dans la foule. C'est déjà pas mal, hein, Jamy ?

Jamy est retournée chez elle à Paris.

Sur ses recommandations, j'ai quitté la capitale et trouvé un emploi dans la publicité en qualité de maquettiste, sans exigence de diplômes, avec pour seul atout un bon coup de crayon. Mon book se résumant aux photos des tableaux de Patricia Kaas, la secrétaire de direction me fit observer que ce n'était pas de la publicité. « Ce n'est pas de la publicité, madame, ce sont des portraits à l'huile d'une jeune chanteuse prometteuse. » La secrétaire me fixa un rendez-vous pour la semaine suivante. Elle me recommanda de venir à l'heure dans une tenue correcte si je voulais avoir des chances de décrocher le job.

Arrivée au rendez-vous à l'heure, le bon jour, avec une casquette à l'envers sur la tête, un pantalon militaire et des baskets trouées. Derrière son grand bureau, le patron se prit la tête dans les mains. Il me regarda entre ses doigts comme un enfant. Je lui tendis la main. Je lui serrai la main bien fort en le regardant dans les yeux. Il était le seul à sourire. L'entretien d'embauche tint du dessin animé. J'argumentai le choix de ma tenue par le fait qu'une merde en Yves Saint Laurent reste une merde à ne pas embaucher. Il accepta de me prendre à l'essai. Ma naïveté l'intriguait. Mon travail le satisfaisait. Après trois mois d'essai, il m'annonça mon intégration officielle dans l'équipe de création. Un seul homme dans tout le royaume avait accepté de me donner un emploi. Après six mois, je réclamai une semaine de vacances pour assister à la tournée de Jean-Jacques Goldman. Refus catégorique. Je n'avais pas suffisamment d'ancienneté, m'opposa-t-il. Pardon ? Avec toute la bonne foi du monde, je ne comprenais rien à ces arguments. J'étais en vie, je n'avais pas le temps, plus le temps d'attendre, plus de temps à perdre. J'aimais la musique de Jean-Jacques Goldman et j'irais voir tous ses concerts dans cinq villes différentes.

« Présente ta démission. »

Je rédigeai ma démission, dictée par un collègue attendri, me faisant traiter d'écervelée par toute l'équipe, et je pris le train pour rentrer chez moi. Une douche, un sandwich dans mon sac à dos, et me voilà à faire le pied de grue devant le stade. Il y avait des gardes tout autour. Il y avait beaucoup trop de gardes autour du stade. Un copain éclairagiste me reconnut et me permit d'assister à la balance. Je vis le concert, puis restai dans la salle vide, collée à la scène. Deux musiciens rangeaient baguettes et synthé. On sympathisa. L'un d'eux me demanda qui était la jolie fille à côté de moi. Ce n'était pas moi. On se donna rendez-vous dans une autre ville pour le deuxième concert. À la fin du deuxième concert, ils me donnèrent un passe d'*after show*. Je fis connaissance avec le reste de l'équipe et les invitai le lendemain soir pour un couscous. J'allai les chercher à l'hôtel. Le consul de France et la DST du bled occupaient l'entrée de l'hôtel. Je marchais droit, des aiguilles plein le dos. Dédé, le chef de la sécurité de Jean-Jacques, m'expliqua qu'ils ne pourraient pas tous venir dîner. La moitié de l'équipe partagea le couscous. Le rire généreux de Carole Fredericks a magnifié cette soirée.

À bientôt Carole. Dédé, à bientôt.

J'ai assisté aux cinq concerts. L'avion sur le tarmac leur proposait Paris à deux heures et demie à vol d'oiseau. Le consul de France et la DST du bled étaient là pour rappeler à Jean-Jacques combien des fréquentations comme la mienne mettaient en péril le bon déroulement de sa tournée.

Sous un arbre, devant l'aéroport, Jean-Jacques me prit la main et répondit : « Mes amis sont ceux que je choisis et personne, jamais, n'y changera rien. »

Nous étions en 1992, enfin.

Enfin quelqu'un qui ne se laissait pas intimider par l'innocence.

Ils partaient et je restais. Je restais parce que je ne pouvais pas partir.

J'ai retrouvé mon petit chez-moi, sa solitude, de la musique plein la tête, la rage de ne pas pouvoir aller en France et un message sur le répondeur. Mon seul et déjà ancien patron me reconnaissait suffisamment irresponsable pour que je mérite son indulgence et sa protection. Il me permettait de réintégrer la boîte, avec en sus un supplément de salaire. En même temps que je déclinais l'offre, je l'en remerciai de tout mon cœur. Partir sur les routes, suivre la musique, suivre mon instinct, c'était cela que je voulais. C'est la seule chose que je puisse accomplir. J'ai goûté à l'espace d'exister, vibrante. Impossible de revenir dans un bureau à heures fixes. Plus le temps d'attendre les promotions, il fallait dépoussiérer les scènes, maintenant.

Un an plus tard, Véronique Sanson eut à mon égard le même élan de sympathie, le même engagement, le même courage moral. Un an après, et dans des circonstances similaires, Véro m'a fait monter dans sa limousine sous le regard désespéré du consul de France.

Ma Véro, je t'aime. Tu sais combien.

J'ai la chance d'avoir gardé l'amitié de Véro et de Jean-Jacques, moi, petit hamster infatigable dans sa bulle de plastique, moi, petite boule de poils sans cervelle, qui pédale et pédalera dans le vide jusqu'au jour où je serai fière de moi sous leurs yeux.

Un jour, ils seront au premier rang dans ma salle.

XXX

ÉVASION LOUPÉE

Durant trois ans, j'ai payé mon loyer en exécutant des portraits d'après photographie. Parfois, il m'a été demandé de ne pas signer de mon nom. Parfois, j'ai embelli des mentons et des oreilles indélicats. J'ai toujours signé de mon nom et payé mon loyer.

Un soir, une amie m'a proposé de sortir de chez moi. La chanteuse s'appelait Florence. J'ai rencontré Florence qui chantait dans un piano-bar un répertoire de chanson française. J'ai découvert l'amour fou et, le lendemain, subi son départ pour Paris avec mes deux roses à la main.

Florence m'a foudroyée et puis s'en est allée comme tous les gens bien savent désormais aller vers la République. Florence a fait battre fort, fort, fort mon petit cœur las. Florence est jusqu'à aujourd'hui mon pacemaker pour l'éternité qu'elle m'a promise. Florence est ma sève, mon oxygène, ma reine, une blessure, ma cime et toutes mes profondeurs. Et la lumière tout au bout. Florence est toutes mes résurrections promises.

Quand elle sourit, Florence – quand Florence sourit –, t'es plus rien. Tu n'existes plus. Quand Florence est heureuse, tu n'as jamais existé. Ton mal n'a jamais été fait et n'a jamais fait mal. Quand Florence me pardonne, c'est bien les seules fois où je peux imaginer un jour apprendre le pardon.

Quand Florence me dit « Je t'aime », elle te désagrège.

En un tout petit souffle, entre deux mots derrière mes oreilles sourdes, Florence te faisait disparaître de mes cauchemars.

Pauvre de nous, j'avais découvert l'amour.

Le plus beau en moi était resté intact. Je pouvais aimer. Je découvrais que tu ne m'avais pas tout pris.

Le bras de fer pouvait commencer.

Florence est partie, et, comme tu m'as privée de passeport, tu m'empêches d'aller vers elle, à Paris.

Mais, tu le sais mieux que moi, des amours comme celles-là, rien ne les enchaîne.

Trois semaines après le coup de foudre, la foudre est revenue. Florence est revenue pour un tour de chant. Les menaces qui lui avaient été faites si elle me fréquentait n'ont pas enrayé son sentiment. Elle a demandé quel était mon crime. Elle a demandé si j'avais payé ma dette à la société. Aux réponses qui lui ont été faites, elle a considéré ma peine lourde. Elle m'a jugée quitte envers chacun. Avant que tu ne l'expulses, elle a eu le temps de me donner des preuves d'amour. De me sauver. Elle a eu le temps de me mettre le visage devant la glace : « Tu n'as pas le courage de mourir, tu n'as pas le courage de vivre et, dans la vie, dans cette vie, il faut choisir », m'a-t-elle dit avant de ne plus revenir.

Je pensais avoir vécu. Je pensais avoir du vécu. J'étais convaincue d'être courageuse et digne. Je pensais être en mesure de donner des leçons de morale et de bonne conduite à la terre entière. Je me découvrais victime inerte. Je me découvrais triste et lamentable. Victime seule, fatigante et pitoyable.

Le constat n'était pas brillant.

Je voulais briller pour qu'elle m'aime encore.

J'ai pleuré longtemps le départ de Florence et sa vérité. J'ai traversé mes instincts de meurtre. J'ai choisi de m'enfuir. Je pouvais aussi et encore choisir de mourir mais j'aimais. Je l'aimais. Mon petit cœur a battu fort, fort, fort et ne voulait plus s'arrêter en chemin.

Avec la complicité d'une amie fidèle et sans en informer ma famille, je tentai de m'enfuir avec mon compagnon, le 10 décembre 1995, Journée mondiale des droits de l'homme. La date nous avait été conseillée par mon nouvel avocat. Nous avons été arrêtés à la frontière et ballottés durant cinq jours dans des commissariats politiques. À cause d'une grève des transports en France, maître C. n'a pas donné la conférence de presse qui était convenue si nous ne donnions pas signe de vie au bout de vingt-quatre heures. Au trou, ce genre d'informations ne filtrait pas. Le retour aux sources était invivable. Un gardien me reconnut et me donna une accolade chaleureuse : « Oh ! Cela faisait longtemps, tu nous as manqué. Comment ça va, depuis ? » Ça va. Il me retira le bandeau des yeux et les menottes, délicatement. Pour preuve de sympathie, il me permit de lui remettre moi-même mes lacets et ma ceinture. Il me mit en cellule seule. Mon compagnon était enfermé au bout du couloir. Le garde, à qui j'avais manqué, m'offrit une pizza pour le dîner. Je refusai de manger et lui remis mon paquet de cigarettes. Autant se débarrasser tout de suite des moyens de pression qui pourraient être utilisés contre moi. C'est dingue comme les réflexes reviennent. C'est comme la bicyclette et la natation, ça ne s'oublie pas. Non, c'est plus fiable. Quand je suis remontée à bicyclette, je me suis cassé la gueule. Et quand j'ai plongé dans une piscine, j'ai coulé à pic. Là, ça s'est fait tout seul, les réflexes étaient imparables.

Je passai la première nuit en cellule à craindre pour mon compagnon. Il n'avait d'évidence pas la même formation que moi. Les hurlements d'hommes soumis à la torture glaçaient toujours le sang. Les interrogatoires se succédaient. Ils me reprochaient d'aimer un Français et de trahir la religion de mon père. Lui, ils le mettaient en garde contre mon homosexualité probable et lui ouvraient les yeux sur le fait que, selon eux, je me servais de lui pour rejoindre Florence. Il tenait bon. Même quand ils le menaçaient de lui glisser de la drogue dans son sac pour le faire condamner à cinq ans de prison ferme, Armand disait et répétait qu'il m'aimait et qu'il me retrouverait après ces cinq ans. Cinq jours passèrent. Je revis Armand sain et sauf dans un commissariat de droit commun. Il me fit un clin d'œil pour s'assurer que j'allais bien. Des coups de poings dans le ventre le lui firent vite regretter. Mes protestations n'y ont rien changé. Les gardes étaient furieux : les clins d'œil sont réservés aux putes.

On nous a fait asseoir sur un banc dans un bureau. Nous nous sommes pris les mains menottées.

Il m'a demandée en mariage.

Une demande en mariage, menottée dans un commissariat avec des gardes pour témoins, me paraissait raccord avec le reste de ma vie. Nous riions. Nous riions dans la même pièce où des personnes à genoux les mains liées dans le dos se font molester pour répéter docilement ce qu'on leur dit de dire. Nous riions main dans la main en attendant notre tour. Notre procès-verbal a été établi sans qu'on ait eu à recevoir de coups. Nous avons signé des documents en arabe littéraire sans nous soucier de leur contenu. La mascarade nous a menés au tribunal devant le procureur du roi. Il nous y fut stipulé qu'aucune charge ne serait retenue contre nous à la condition de ne pas récidiver. Il nous fut recommandé de sortir du tribunal discrètement, comme des voleurs.

Les conséquences de cette évasion ratée furent surprenantes. Tout le monde nous a tourné le dos. Tout le monde, sauf ma mère et trois amies, Farida, Sché et Soundouss.

Je perdis mes clients. Je n'avais plus beaucoup d'alternatives et des flics étaient postés en bas de chez moi jour et nuit. À cela l'amour n'a pas résisté. J'ai demandé à Armand de partir en République.

XXXI

JE SUIS NÉE LE 13 JUILLET 1996

Puis un jour j'ai rencontré Sylvie et la poésie s'est emparée de ma vie : « Donne-toi le moyen de tes rêves », m'a-t-elle dit. Sylvie m'a encouragée à vivre, des rêves plein la tête. Sylvie me mit l'inaccessible entre les mains et m'en fournit la clé : se donner tous les moyens de tous ses rêves.

Après la découverte de la capacité d'aimer, du choix de vivre debout, le droit au rêve m'était permis. Il fallait encore se battre, se battre, se battre. Il fallait seulement faire son choix et se battre.

Sylvie me prédit mon arrivée en France dans quinze jours au plus tard. Je l'aimais déjà beaucoup, Sylvie, et lui déconseillai de me faire rêver. Un millier de fois, des voyantes m'avaient juré l'obtention de mon passeport et la France pour nouvelle patrie. Sylvie est repartie pour Paris. Une semaine plus tard, ma sœur de quatorze mois mon aînée a réussi son évasion par bateau vers l'Espagne, accompagnée de son fils et de la cousine de ma mère. Le gouvernement Aznar ne les a pas livrés. L'Espagne les protégeait dans une base militaire, le temps nécessaire à la régularisation de leur situation. À son arrivée à Paris, les médias étaient là pour couvrir l'événement. Pris de court, le ministre des Affaires étrangères français, Hervé de Charette, fit devant les caméras une déclaration mémorable : « L'Espagne lui a accordé un visa Schengen, la France ne peut la refouler. » Vive la République et vive les cornes de gazelle !

Quinze jours plus tard, des passeports nous furent remis. Le temps d'obtenir des visas français, et j'arrivai à Paris où Sylvie, Jamy et tous mes amis vinrent me chercher à l'aéroport d'Orly. Descendre les Champs-Élysées à sept dans une Mini avec, à ma demande, la chanson de Queen *Show Must Go On* à fond sous un soleil magnifique, fut un jour de renaissance.

Je suis née le 13 juillet 1996 à Paris.

XXXII

LES POMPIERS DE PARIS

En l'espace de quelques heures, je me surprends à marcher droit. Je marche droit dans la rue sans me retourner ni raser les murs. Ce pays est le mien. J'ai passé trente-trois ans au mauvais endroit pour enfin fouler ma terre, et c'est bien là l'essentiel. Les retrouvailles sont magnifiques. Sylvie m'emmène rue de Lappe fêter mon premier 14 Juillet. J'hallucine. Je tombe amoureuse de tous les pompiers de Paris. Je souris, béate, agrippée à mon siège. Jamy me fait découvrir le Venezuela. Florence m'emmène dans le Luberon, à Marseille et dans ses calanques. J'ai de nouveaux amis, pas pour ce que j'ai subi mais pour ce que je suis. À Paris, je dispose de six trousseaux de clés, d'un canapé et d'une soupe quand je le veux et à l'heure qui me convient. Je mets six mois à accepter de prendre le métro, à apprendre les gestes du quotidien, à apprivoiser cette nouvelle planète. Des mois à marcher dans Paris, les mains dans les poches, sans contrainte aucune, m'enivrent. Mes amis me donnent le temps et de quoi survivre.

Je mange trois à quatre jambon-beurres par jour et bois des bières glacées. Je regarde nuit et jour valser autour de moi Paris et ses ponts, ses vieilles pierres, ses lumières, son histoire. Je m'imprègne. Je grandis. J'évolue. Je suis libre. Je suis libre. Ça y est, je n'ai plus rien à attendre. Je ne peux plus me plaindre. Je suis libre.

La France, ce sont les Français. Et les Français différents les uns des autres. Et les Françaises, libérées à souhait. Et moi, je ne peux plus m'en prendre à ceux qui n'ont rien fait pour moi puisque je ne fais rien pour les autres. Ma vie m'occupe à plein-temps. Ma reconstruction est bien ma seule priorité. Le monde tourne et ne s'arrête pour personne, ça je l'ai appris. Mais là, c'est moi qui ne m'arrête plus pour quiconque. Je vis à pleins poumons.

À force de me laisser le temps et l'espace, mes amis m'ont apprivoisée. J'accepte de tendre l'oreille à leurs conseils bienveillants. Les termes « Sécurité sociale » reviennent trop souvent. Mais je ne suis pas malade. Ils mettent un an à me convaincre. Après quelques démarches dans des maisons de disques, infructueuses pour cause de grand âge, je m'emploie à me fondre dans la masse. Mon nouveau défi est de devenir tout le monde, comme tout le monde, avec un SMIC et la paix.

Comment obtenir le sésame ? En trouvant un emploi. Pour avoir un emploi, il me faut un CV.

Pour remplir un CV, il me faut une formation. Pour avoir une formation, il faut justifier d'un logement. Pour avoir un logement, il me faut un compte en banque. Pour l'ouverture d'un compte en banque, il me faut un statut. Pour le RMI, il me faut les trois, pour avoir les trois, il me les faut tous. Pour exister, il me faut un passé. Mon premier emploi, c'est Bernard qui va me l'accorder. Bernard est le frère de Françoise, mon ange gardien. Je suis hôtesse d'accueil à la foire de Paris, en minijupe, bas fins et maquillage de circonstance. Je suis censée représenter un grand éditeur. Bernard a eu la délicatesse de m'entourer de personnes bienveillantes. Trois semaines plus tard, je fête ma première fiche de paye au champagne. En trois semaines de travail, mes droits à la Sécurité sociale sont ouverts. J'ai travaillé trop dur pendant vingt et un jours, il me faut des vacances. Il y a, paraît-il, des gens qui travaillent quarante ans d'une traite. Mes amis m'encouragent à donner suite à mon exploit. Mon premier chèque me permet d'ouvrir un compte en banque. Je choisis une agence à proximité du lieu où je suis hébergée dans le XVIIIe arrondissement de Paris. La dame qui me reçoit sur rendez-vous me demande les raisons qui ont motivé le choix de cette banque en particulier. Je confie mon goût pour la couleur bleue. Le silence qui s'est ensuivi reste pathétique. La dame m'a proposé des contrats divers. J'ai appris ce jour-là que je n'aurais jamais de retraite et que je serais enterrée dans une fosse commune. J'ai quand même réussi à ouvrir un compte en banque. Bientôt, j'aurai une Carte bleue et un chéquier... bleus. Bientôt, je vais partir pour des vacances bien méritées dans le Sud, à Marseille, chez Florence, pour me remettre de mes émotions.

À mon retour de Marseille, je mets toute mon énergie à rentrer dans le rang. Sylvie m'encourage à passer mon bac. L'obtention de l'équivalent du baccalauréat m'ouvrirait les portes de toutes les facultés de lettres. Je pourrais faire du droit. Mon esprit tortueux et ma mauvaise foi pourraient faire de moi une bonne avocate. Adjugé ! Maman sera fière de moi et mon père, même s'il n'a plus son mot à dire, pourra sourire. Bus. Sorbonne. File d'attente. Arrive mon tour. Niveau d'études ? Cours élémentaire 2e année, Albert-Camus, Rabat, Maroc.

Derrière le bureau, un étudiant blond me regarde avec de grands yeux bleus vides.

« J'ai quitté l'école en cours élémentaire. Enfin, on m'a fait quitter l'école... Qu'importe, je suis autodidacte. Je souhaite reprendre mes études. »

Ma sincérité lui fait ouvrir une grande bouche vide. Derrière moi, collés à moi, trop jeunes et trop nombreux, des étudiants rient et me font monter le rouge aux joues.

« Je suis prête à passer des examens... »

Le jeune homme derrière le bureau me prend en pitié et s'absente pour en référer à ses supérieurs.

Derrière moi, la file s'impatiente, commente. Le jeune homme revient cinq minutes plus tard : la Sorbonne ne peut accueillir des personnes ayant arrêté leurs études en cours élémentaire.

Dans le bus, je pleure l'affront, l'humiliation, les ailes coupées, l'injustice, le trop tard. Mes amis ne vont pas laisser faire. Sur l'intervention de Maylis, la Sorbonne m'intègre. Je suis les cours à Jussieu. Le professeur d'anglais me demande d'aller au tableau et je refuse. Mon professeur d'anglais hausse le ton et je m'exécute. Je vais au tableau. Je reste tétanisée, le nez collé contre le tableau. Plus aucun professeur ne me fera plus vivre ce supplice. J'ai obtenu mon DAEU avec mention assez bien. J'ai reçu l'attestation de mon diplôme avec des petits dessins tout autour de mon nom, genre le plus beau bébé de l'année.

Je me suis alors inscrite en fac de droit. Dans six ans, je serais avocate. Au milieu du premier semestre, j'ai appris qu'un RMiste n'a pas le droit de poursuivre des études supérieures. J'ai couru demander une bourse, mais j'avais plus de vingt-six ans. Comment peut-on aider financièrement des personnes en difficulté et dans le même temps les empêcher de se hisser ? Dans ma boîte aux lettres, une enveloppe avec le sigle de la République m'attend. Comme chaque fois que je vois le sigle de la République, mes mains tremblent. Je tremble de me voir expulsée. La lettre provient de Nantes. Une dame m'écrit au nom de la République, et à la première personne : « Je ne peux vous accorder la naturalisation française parce que vous n'avez pas fait preuve de stabilité. »

Mais je ne serai jamais stable. Il me faut un traducteur. Sylvie est juriste. Pour être français, il faut payer des impôts. J'écris à Mme Aubry, à Mme Catherine Tasca pour demander un recours. Mesdames, je ne peux pas retourner dans un pays où règne encore l'homme qui m'a fait ce que vous savez qu'il pourrait refaire...

Une semaine après, devine. Tu es mort.

Je me suis empressée d'écrire à la ministre de l'Emploi et de la Solidarité et à la présidente de la Commission des lois pour leur préciser que ta mort ne t'empêcherait pas de nuire.

XXXIII

LE ROI EST MORT

Tu as eu la bonne idée de mourir en plein été, le 23 juillet.

Le lendemain de mon anniversaire, ta mort m'a fait dessaouler.

Le 14 juillet, tu faisais encore défiler tes troupes sur les Champs-Élysées et, neuf jours après, paf le chien.

À n'y rien comprendre. Ça tient à rien, la vie. À vraiment pas grand-chose.

J'étais à Pigalle avec mes cousins. Ton dernier souffle, tes petits regrets, tes adieux aux dieux, ta mémoire à vendre, tes enluminures en berne, je n'en savais rien. Je te savais malade, mais de là à mourir... Pour moi, tu étais immortel. Je te pensais insubmersible. Increvable.

Deux adolescents, la langue pendue devant les peep shows, n'osent pas me demander de franchir le pas. J'y serais bien allée, mais ils ne sont pas encore majeurs. Minuit traîne. Mon téléphone vibre et annonce un message. C'est maman. Maman me demande de la rappeler au plus vite. Nous achetions, mes cousins et moi, des sandwichs et une canette de bière.

« Vous êtes au courant ? demande le vendeur.

– Au courant de quoi ?

– Le roi est mort.

– Quel roi ? »

Je me savais frisée, le visage huileux, avec des petits yeux noirs et cruels, mais pas à ce point une marque déposée. Le vendeur de sandwichs semble fasciné et triste. C'était un grand roi. Bien sûr. On a perdu un père. Bien sûr. C'était le père de tous. De tous. Je paye les sandwichs et la bière au plus vite pour abréger la compassion. Mes cousins respectent la précaution. Pauvre homme, pauvre père. Merci, gardez la monnaie. Le vendeur jauge, juge, pas plus fasciné ou plus triste que moi. Je crois revoir des flics partout. On s'éloigne de quelques mètres. Je décapsule ma bière. Grand cri de joie. Mes cousins me tapent dans la main. Enfin. Je rappelle ma mère qui me confirme la nouvelle brièvement. Même précaution au téléphone. On la rejoint. Mon frère nous ouvre la porte avec une tête d'enterrement. Le petit appartement est en deuil. La radio déraille sur des versets coraniques, lumière tamisée, Kleenex et larmes sincères. Sacrilège. On le sable, ce champagne ? Sacrilège. Mais enfin ! Tu avais raison, ce ne sera jamais la fin. J'avale ma bière d'une traite. J'essaie de trouver des repères, des proportions, des comparaisons, des cadres, des ressources, d'alimenter mes garde-fous d'une dernière miette, de chercher des moyens d'évaluation, de trouver un ordre de mesure, un calcul, une échelle, quelque chose, quelqu'un ou quelques-uns qui me donneraient l'étendue, la hauteur de la chute, pour en bas, tout là-bas, toucher les profondeurs abyssales sans plus d'écho entre le bien et le mal. Entre le bien et le bonheur de faire mal. Je cherche le regard d'ici qui me donnerait une ultime échappatoire pour au moins m'accrocher à demain matin. Je cherche parce que je crois perdre la raison. Aussitôt, je n'ai plus à chercher, la folie m'atteint. J'ai envie de tuer parce qu'on n'a pas eu ma peau. Tant qu'on n'a pas encore eu ma peau. J'ai besoin de tuer parce que le monde entier rend hommage à ton intelligence éclairée et ma connerie m'incite à faire du mal pour exister, tout bêtement.

Je pleure contre mon oreiller. Je dévore mes oreillers. On a les consolations que l'on peut. Dire que tu as foulé le tapis rouge de mon Assemblée nationale. Dire que tu as fait plier en quatre tous les septennats de ma République. Et dire que tu es un monstre. Et dire que tu es un monstre tient de la naïveté. Et dire que tu échappes à la psychiatrie comme moi et tant d'autres. Et dire que depuis huit ans, pour éviter de te ressembler, je n'ai pas tiré dans la foule. Et dire que depuis toi j'en garde la tentation. Et dire que, depuis la République, je ne me défends plus. Et dire que, de manque de preuves en prescription, mes plaintes sont déboutées par des procureurs indépendants et consciencieux. Et dire que mon pays n'est pas en mesure de me défendre. Et dire que tu es un fou qui rend fou de son vivant et après sa mort. Et dire que cet autre pays sur lequel tu régnais était le mien aussi et que tu m'as conduite à le détester du fait des souvenirs que tu y as gravés en moi. Et dire que refuser de me soumettre à la raison d'État, c'est me faire d'autres ennemis encore plus fous et bien plus cons que toi. Et dire combien mon avenir régresse. Et dire que tu es mort et que je n'ai plus personne à qui parler. Et dire que tu es mort sans que j'aie eu à me salir les mains. Et dire que je me sens seule sans adversaire. Moi sans toi, c'est bizarre.

C'est qui, toi ? Une déclinaison. C'est qui, la folie ? C'est lui. C'est eux. En tout cas pas moi. C'est qui, le mort au bout de tes doigts ? C'est lui. C'est eux. C'est n'importe qui sauf moi... j'en sais rien, c'est certainement quelqu'un d'autre, mais pas moi. Pas pour l'instant en tout cas. La haine me maintient. M'éclaire. La plus triste des mortes, c'est sûr, ce serait moi ainsi les yeux ouverts. Ce n'est certainement pas mon heure, je n'ai pas envie maintenant. *Pourquoi ?* Parce que ma vie, je me suis battue pour.

Elle vaut plus que n'importe laquelle. *Arrête, il est mort. Faut consulter.* Je ne consulterai pas. *Tu en as drôlement besoin.* Je ne consulterai pas, parce que le fou est mort, et le fou, ce n'est pas moi. *Le roi n'est plus.* Sa folie demeure en moi. *Le roi est mort.* Pourquoi devrais-je vous croire ? Si je suis folle, c'est que le roi perdure. *C'est fini.* Quoi ? *C'est fini.* Quoi ? *D'accord, mais il est bien mort.* Je ne l'ai pas tué. *On s'en fout, il est mort.* C'est pas moi, je n'ai rien fait. *Je sais. Calme-toi.* Pourquoi ? *Parce que la monarchie endeuille la république.* Je suis folle ? *Non. Enfin, oui. Tu l'es, mais pas tout à fait.* Pourquoi ? *Parce que tu as encore mal et que tu en as conscience. Un jour tu n'auras plus mal et, ce jour-là, tu seras adulte.* Si le roi est vraiment mort, qui me parle ?

Le roi, son fils.

Désolée, Majesté, avec tout le respect que je vous dois, donnez-moi le temps de m'en persuader. Je dois vérifier que vous avez raison.

Je zoome pour m'assurer qu'on lui a mis sur le dos trois cents kilos de marbre. Je m'assure une semaine durant sur le petit écran qu'il est bien hors d'état de nuire. Ses fils en blanc, ses enfants me font de la peine. C'est très dur de perdre son père, y a rien à dire. Leur peine me peine profondément. Dernière gorgée de bière avant l'aube. J'éteins la télé après m'être assurée qu'il ne peut pas s'échapper. Épuisée, ma vieille innocence glisse un peu plus dans l'angle mort. Mazarine Pingeot, à la télévision, en parlant d'un livre consacré à notre famille, aura été la seule à trouver un lieu d'existence à la famille Oufkir : l'angle mort.

L'angle mort m'emmure une nouvelle fois.

XXXIV

LA VIE DEVANT MOI

Les hauts sont très hauts et les bas très bas. Entre les deux, rien. L'impression d'être une enfant et une ancêtre tour à tour. Et ce gouffre permanent. Vingt ans d'écran noir et l'impossibilité physique et morale de le combler.

Le monde se dédouble à nouveau et devient inconséquent, insuffisant. Le mien, de monde, était crade, certes, mais c'était le mien. Celui-là, enfin le leur, d'accord le nôtre désormais, est restreint. Vu de la cellule, il y avait dehors. Vu de dedans, il y a toujours dehors pour début, pour cause et finalité. Une fois dehors, il n'y a plus rien que dehors. Et dehors c'est petit. Beaucoup trop petit. Trop de règles, trop de frontières, trop de couleurs à séparer, trop de peurs indissociables, trop de tout, trop de rien du tout, trop de misère, trop de pouvoir, trop de bombes et le silence. Trop de dieux à exploiter. Il y a beaucoup trop de testostérone dans un petit réduit. Franchement, ce monde-là est trop petit pour moi. J'étouffe.

Je me sens juste un peu plus libre qu'avant.

De l'espace. Il me faut de l'air et de l'espace.

Reste encore l'espace. Deux millions de dollars pour l'escapade.

Y a un nouveau roi au Maroc. Il a mon âge. Le besoin d'espace, il connaît bien. Les espaces restreints aussi. Je crois qu'il faut l'appeler Majesté. On m'appelle bien « madame » depuis mes premières rides. Majesté, la République, enfin les procureurs de la République ont rejeté deux plaintes déposées auprès des tribunaux français à dix ans d'intervalle. La première a été rejetée pour faute de preuves. Et la seconde a été déboutée pour prescription.

Majesté, merci de noter mon RIB. Deux millions d'euros. J'ai besoin de deux millions d'euros afin de prendre un billet pour l'espace et d'aller voir la Terre d'en haut.

Attention, c'est de la lèche.

Pas du tout ! Il n'y a plus que ton fils pour me comprendre. D'accord, avec cette somme, je m'achèterai aussi une bergerie dans les Vosges et quelques piqûres de Botox.

Tais-toi.

Tant pis, y a pas moyen de rigoler. Bonne nuit. À demain.

Que me reste-t-il à vivre ?

Je vais farfouiller dans ma mémoire.

« Donne-toi les moyens de tes rêves », disait Sylvie.

Où sont mes rêves ? Où est mon enfance ? À quelle hauteur ou profondeur ai-je délaissé l'enfant qui dort en moi ? Putain, elle est où la gamine qui riait et pleurait pour un rien ? Il est où le garçon manqué ? Je voulais quoi, haute comme trois pommes, autour de la piscine en forme de haricot ? Elle voulait quoi la petite fille de riche ? Elle veut quoi la demoiselle qu'on appelle « madame » à la boulangerie ? Elle peut quoi, la bête apprivoisée ? Elle prétend à quoi, la victime fatiguée ? Elle voulait... chanter. Dis-le plus fort ! Eh bien... je veux être, je serai, chanteuse.

J'entreprends d'écrire un répertoire. Je prends des cours de guitare et de chant. Je fais des stages. J'accumule des informations auxquelles je ne comprends rien. Respire par le dos. Incarne-toi. Ose avancer vers la lumière. Sois toi. Ne triche pas. Tremble si tu veux, on s'en fout, mais ne triche pas. Lydie veille à m'enseigner l'intégrité. Lydie s'acharne à faire tomber l'armure. Lydie a mis trois ans à me faire pleurer en public.

Parmi les stagiaires, parmi les témoins, il y a Lysiane.

Lysiane est violoniste et chanteuse. Lysiane a la rigueur d'un premier prix de violon, un foulard Hermès autour du cou, le pantalon en cuir moulé au corps et la petite étoile au fond de ses yeux bleus.

Elle ne tremble pas du squelette quand son tour arrive d'interpréter une chanson devant dix personnes. Lysiane a l'habitude des philharmoniques et des plateaux de télé. Excepté bonjour, nous n'avions rien à nous dire. Puis, un jour, elle m'a proposé de jouer du violon sur un de mes morceaux.

Silence.

« Je crois en toi. »

Il me faut une bière. Je souris. Je bois ma bière. On ne peut pas jouer Chopin et vouloir accompagner huit mélodies écrites avec les seuls huit accords de guitare que je sache. Sa connaissance de la musique me fait sourire, incrédule, et commander une autre bière. Qui peut croire en quelqu'un qui commence sa vie par la fin ? Il me faut une autre bière. Croire en moi n'est pas cartésien. Croire en moi ne se lit pas sur partition. Pourtant, elle croit en moi. Elle croit en mon rêve. Sa proposition faite, Lysiane me laisse à mes bières et à toute ma suspicion.

Il m'a fallu du temps pour me persuader du bien-fondé de sa proposition. Il m'a fallu des mois pour me persuader de sa sincérité.

À mesure qu'elle écrit les arrangements cordes sur mes musiques, à mesure que je les entends, je me prends à y croire : Lysiane croit en moi. Lysiane croit en la vie hors cadre et hors solfège. Lysiane est devenue au fur et à mesure mon cerveau, mon métronome, mon troisième cycle. Jamais un retard aux répétitions, pas un salaire ni demandé ni obtenu, et durant trois ans ce sentiment grandissant en moi qu'on ne peut contourner quelqu'un qui a foi en nous. L'une des seules à partager votre conviction profonde, à marcher en silence et en parallèle, en sens inverse vers un lieu commun. On a fait des concerts ensemble. Elle a eu un bébé dont elle m'a demandé d'être la marraine, l'inconsciente. J'ai accepté, intrépide, d'être la marraine de son fils qui n'a rien demandé. Et quand Jean-Jacques a écouté mes maquettes et apprécié toutes les parties de violon – mon violon –, j'ai eu la preuve que ma Lysiane avait eu bien raison de croire en elle.

Lysiane. Encore une dont le courage me met à genoux. Encore une amie qui m'autorise un avenir.

XXXV

QUARANTE-TROIS ANS

Mon premier chagrin d'amour et l'annonce de la ménopause me sont offerts à la même heure. La ménopause reste improbable et le chagrin d'amour impossible. Impossible, impensable jusque-là pour moi d'aimer quelqu'un qui a cessé de m'aimer. Du fait même de mon adolescence éternelle : va mourir, va mourir, ménopause, je suis trop jeune pour toi.

Six mois à dormir deux à trois heures par nuit, le chaud trop chaud, le froid immédiat, les gouttes glacées en bas des reins, la couette rejetée, la couette pour camisole, les bilans hormonaux, la chute d'hormones, l'horloge en roue libre, le cadran intact, la douche pour ne pas hurler, les douches pour se sécher, la sécheresse encore. Le bas du ventre qui tourne en vain. Le cerveau qui ne suit plus. Dix-huit ans dans la tête et le corps asséché pour toujours. Le verdict est sans appel. Je fais appel : je veux avoir un enfant, maintenant et tout de suite. Trop tard. Il n'est jamais trop tard. D'accord, je n'ai pas le père, mais le père existe quelque part et moi je n'ai plus le temps. Je vois des spermatozoïdes partout. Des milliards de spermatozoïdes grouillant sous les braguettes dans le métro, dans la rue, dans mes rêves. Je n'ai pas besoin de milliards de ces petites choses. J'en veux un. Une. Je veux une seule de ces petites crevettes microscopiques. Un seul spermatozoïde, le bon, ferait mon bonheur de devenir maman.

Trop tard.

Dans le cabinet du médecin, je suis autorisée à pleurer un bon coup. Et, même là, dans ce réduit protégé, je m'en excuse. Je m'excuse de trembler de partout, en larmes. Ma maladie n'est pas une vraie maladie. Ma maladie fait partie du cours des choses et atteint tout le monde. Mais je ne suis pas tout le monde. Je ne serai jamais tout le monde. Je n'ai pas réussi à être tout le monde. Quand ils ne peuvent pas soigner, les médecins consolent. Mon médecin m'aime. Mon médecin n'a jamais accepté d'honoraires. Mon médecin s'appelle Marie-France et quand on s'appelle Marie-France, on trouve les mots pour le dire. Mon médecin m'ouvre des horizons. Mon médecin compare les analyses, confirme le retour d'âge et me propose l'achat d'ovules en Espagne. Je ne suis pas prête pour l'alternative d'œufs frais gobés à la frontière. Je souffre entre les aiguilles coupantes d'une horloge immense qui tourne, tourne, tourne quand même. Je rage entre les aiguilles fragiles de cette horloge coupante, coupante, coup...

Marie-France m'assure qu'à mon âge, à quelques années de plus ou de moins, l'histoire finit pour tout le monde pareil. Pour tout le monde pareil. Je n'ai plus de voix pour demander si elle commence, l'histoire, pour tout le monde pareil. Pour tout le monde pareil. Mon médecin m'assure que j'ai de la chance. J'ai la chance indéniable de ne pas prendre le risque de mettre au monde un enfant malformé. À mon âge.

Ma chance n'étant plus à prouver, je positive mon handicap.

Mais, diable, je viens de naître.

Cet enfant, je ne pouvais tout de même pas lui donner le jour sans lui avoir assuré des arrières. Je ne pouvais pas lui donner vie en plein jour, sans défense. Cet enfant, le seul, le mien, je l'ai préservé de tout, de tous et de moi, soigneusement, dans chaque préservatif. Cet enfant, vous ne pouvez pas me le refuser. Je me suis donné le temps. Pour une fois, je me suis donné du temps. Cet enfant, le mien, je l'aimais tant qu'il ne pouvait, sans avoir rien demandé, débouler dans mon passé, s'écraser, étouffé sous mon nom avant même les premiers soins que j'aurais pu lui prodiguer. Aujourd'hui j'ai grandi. J'ai compris. J'ai compris plein de choses même si je n'ai pas tout compris. Aujourd'hui, parce que je l'ai choisi, j'ai le monde dans les mains. J'ai repris des forces. J'ai des ailes. Des ailes de poule, ce sont des ailes tout de même. Je le veux, ce bout de moi. S'il vous plaît.

Je suis fin prête pour notre renaissance.

Trop tard.

Glisse. Quelqu'un a ciré les marches. Mes hormones ont loupé un palier. Ben alors, les copines, debout, la bataille n'est pas finie. Du haut de ma féminité mes ovaires glissent à mes pieds, épuisés avant moi. Tant pis, il n'est jamais trop tard. Jamais. Je ne me laisserai plus faire. Je ferai sans eux. Je ferai sans ces deux petits bouts d'ovaires qui s'inclinent sans mot dire au premier verdict de quatre médecins chevronnés. On reconnaît ses amis dans les temps durs. Après m'avoir fait souffrir douze fois par an, trente ans durant, ils me lâchent au plus mauvais moment.

Je suis prête à donner la vie. Enfin.

Trop tard.

Un si bon cireur de parquet, je n'en connais qu'un. Tiens donc, tu es où ? Tu es mort, m'a-t-on dit et répété. Cela fait combien d'années déjà ? Cela fait six ans que tu as abdiqué, me dit-on. Pourtant. Comment as-tu réussi à me faire rater cette marche ultime de sous trois tonnes de marbre ? T'es trop fort. Trop fort. T'es le plus fort. Amen. Ce soir, je pourrais même dire que tu me manques. Ta petite gueule me manque. J'ai trop envie de lui taper dessus, des deux poings. Reviens à la hauteur de mon âge et tu verras comme tu riras quand je te casserai le nez. Tout le monde le sait, ça se répare, un nez cassé. Juste, reviens un instant me regarder en face. Reviens, la vie est trop belle. Reviens, maintenant que je suis vieille. Reviens, mon roi. Viens voir combien le ciel est bleu. Et la mer, le fouet, la brûlure du soleil sur le corps, t'en souviens-tu ? Trop bon, Sire, j't'assure. Trop bon de voir la mer. Comme des relents de beurre sous la confiture. Reviens voir, si tu peux, quand tu veux, la petite fille et le temps qui passe.

Et le temps passé.

Reviens voir la beauté du monde.

Viens voir combien il y en a trop qui te ressemblent. Et pas moi. Pas encore. Reviens, qui sait, il n'est jamais trop tard pour bien faire.

Silence.

Tu dis rien parce que, si tu revenais, je te boufferais les yeux et tu ne verrais plus rien ?

Silence.

Allez, juré, si tu promets d'être gentil avec les enfants, je te boufferai qu'un œil.

Silence.

Tu boudes ?

...

Pour l'heure, mes ovaires font la tronche et le chagrin d'amour doit les y aider un peu.

Je coupe à vif dans mes sentiments, ma tendresse, ma reconstruction. Mon héritière, mon héritier, je ne les ai pas eus. C'est ma faute, j'ai pris du temps. Apparemment, j'ai pris trop de temps ou trop de temps m'a été pris.

Qu'importe, j'ai vu du pays, mangé dans les meilleurs restaurants, dansé dans les boîtes de nuit avec des drag queens, avalé des étoiles, dit des gros mots, sillonné Paris plus de cinq cents nuits d'affilée les mains dans les poches sans attaches ni contraintes, dormi nue dans les calanques de Marseille, descendu en rafting l'Orénoque, bouffé du homard à pleines mains, écrasé des bulles de champagne millésimé, me suis fait prendre en levrette en plein air, joui à la première gorgée d'un pétrus 75 à Los Angeles, fait du bien, fait du mal, mis les voiles en Méditerranée, porté du Prada, dormi dans la soie, réveillée par l'orgasme, surprise par le SMIC, redormi en cellule, repris l'air à pleins poumons. Le RMI encore. J'ai vécu. Trop bien vécu déjà.

Chaque seconde est un cadeau.

ÉPILOGUE

Je fête mes quarante-quatre ans en Corse.

À Porto-Vecchio, sur une plage fabuleuse, mes amis de toujours, Samy et Lionel, m'offrent le voyage, les langoustes grillées, la tablée à vingt-cinq, la Méditerranée à perte de vue et le champagne glacé à midi.

Lionel et Samy font pétiller ma vie. Samy et Lionel calfeutrent toutes mes carences. Avec eux, je respire partout. Parmi eux, je croise le regard d'un homme.

Un homme croise mon regard. Un Corse retient mon regard. Il est beau, blond, jeune, né au Kenya, intrépide et fasciné. Et fascinant. Je suis fascinée. Je retiens son regard, sa fougue, sa discrétion. Son grand-père a aidé mon père à reconstruire Agadir après le tremblement de terre, l'année de ma naissance.

Je suis trop vieille pour lui. Je ne suis pas assez belle pour lui. Je ronfle fort et bave le soir. Je lui veux le meilleur. Je lui souhaite mieux que moi.

Peut-être bien que je l'aime...

Je remercie

ma mère,
ma famille,
toutes mes familles.

Je vous aime.
FORT

TABLE

PHOTOCOMPOSITION PCA (REZÉ) – IMPRESSION FIRMIN-DIDOT –
N° ÉDITION : 14450/01 – N° IMPRESSION : 89579 – D.L. AVRIL 2008